本书系国家社会科学基金项目"健康红利视角下
留守儿童社会适应的实证研究"（18BTY102）研

U0600514

体育参与促进农村留守儿童社会适应的实证研究

陈 捷 著

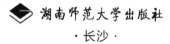

湖南师范大学出版社

·长沙·

图书在版编目（CIP）数据

体育参与促进农村留守儿童社会适应的实证研究／陈捷著. --长沙：湖南师范大学出版社，2024.8. --ISBN 978－7－5648－5576－5

Ⅰ. G61

中国国家版本馆 CIP 数据核字第 2024FF2419 号

体育参与促进农村留守儿童社会适应的实证研究

Tiyu Canyu Cujin Nongcun Liushou Ertong Shehui Shiying de Shizheng Yanjiu

陈 捷 著

◇出 版 人：吴真文
◇责任编辑：彭　慧
◇责任校对：李　航
◇出版发行：湖南师范大学出版社
　　　　　　地址/长沙市岳麓区　邮编/410081
　　　　　　电话/0731－88873071　88873070
　　　　　　网址/https：//press. hunnu. edu. cn
◇经销：新华书店
◇印刷：长沙印通印刷有限公司
◇开本：710 mm×1000 mm　1/16
◇印张：10.5
◇字数：180 千字
◇版次：2024 年 8 月第 1 版
◇印次：2024 年 8 月第 1 次印刷
◇书号：ISBN 978－7－5648－5576－5
◇定价：48.00 元

凡购本书，如有缺页、倒页、脱页，由本社发行部调换。

序 言

当前我国正在加快推进体育强国建设。体育事业高质量发展，是国家强盛的题中应有之义，是民族复兴的动力支持，是幸福生活的重要保障。体育事业是一项系统工程，其中就离不开体育科学研究者的工作。这一学科不仅要关注从身体机能提升和运动方式改善等方面如何增强竞技体育的竞争力，也要从群众体育角度，研究体育在社会发展过程中的素质教育、文化传播、精神引领的功能，关注体育与社会结构各个条块之间互动的现状和问题，为充分发挥体育对社会发展的促进作用提出应对之策。

我从事体育人文社会学研究多年，深切感受到在群众体育事业发展过程中，体育具备着促进人们身心健康、关系和谐，推动人才培养、文化建设，助力经济发展、社会进步的多元功能和综合价值，但是在一些领域这些功能和价值还没有得到充分的体现。这就需要有更多的体育科学研究者来关注社会方方面面对体育理论、体育研究的需要，关注当体育延伸到社会的深层肌理中时可能发生的质变反应，关注体育进入一个个鲜活个体的生活空间后可能带来的全新生命图景。

《体育参与促进农村留守儿童社会适应的实证研究》一书，从体育参与和体育教育的视角，研究农村留守儿童社会适应能力培养和提升的策略。这一专著不仅关注到了当前乡村振兴和农村社会治理中"留守儿童的教育和成长"这一突出问题，而且从发挥体育功能和体育价值的角度，科学细致地进行量化研究和理论分析，合逻辑地探究体育参与可能给留守儿童的身心发展与社会适应带来的细微变化和积极影响。可以说，从科学方法的合理运用到现实问题的实证分析角度来看，该书是体育人文社会学研究领域具有一定代表性的研究成果。该书同时也是一个从微观视角审视体育功能与价值的体育社会学专题研究，从始至终贯穿在行文中的问题意识和理论自觉，是非常值得这一领域的研究者和读者揣摩和思考的。

首先是多学科视角与新学科范式的逻辑呈现。我们说一个专题性研究有明确的问题意识，其实质是说这一研究关注的是一个真切的社会现实问题，而不是穿凿附会出来的虚假问题。人类社会发展到今天，其结构体系已经异常精微复杂。由此，任何社会现实问题，哪怕是微观层面的观察，都具有超出单一学科的复杂性。正如马克思对人的本质界定"不是单个人所固有的抽象物，在其现实性上，它是一切社会关系的总和"一样，我们当前进行体育人文社会学领域的问题研究，采取多学科视角、进行跨学科研究成为必然要求。《体育参与促进农村留守儿童社会适应的实证研究》一书，主要立足社会学和心理学进行研究，但我们也不能忽视其间运用的统计学、管理学甚至是政治学和哲学的学科方法和学科知识。这也是体育人文社会学这一学科研究的特质。当然，多学科不是无学科，体育人文社会学的基础性学科是社会学，而多学科视角则是要求我们在社会学研究范式基础上探索形成新的学科研究范式。既往的研究范式之所以称为范式，是因为其研究侧重点不同，从而研究方法各异。《体育参与促进农村留守儿童社会适应的实证研究》一书，既运用了重点关注社会结构和社会制度的社会事实范式，在儿童心理分析上又体现出明显的社会定义范式色彩。但是客观来讲，基于问题本身的复杂性，这些范式在研究展开和方法运用的过程中已经实现了融通，就是在先验理论与现实分析、整体观察与量化分析、随机经验与可控实验之间尽力寻求到了一种平衡。正如美国科学哲学家托马斯·库恩所言"范式的存在决定了什么样的问题有待解决"。诸多范式在这一研究中的平衡，原因在于它们聚焦的都是同一问题，它们的应用都有同一目的：解释体育参与对农村留守儿童社会适应的影响。这种突破囿于一种范式对复杂问题做方枘圆凿式解释的做法，本身就是一种创新。需要强调的是，形成一种范式，并不是要确立一种"自我框限"的理论枷锁。马克思曾经指出，我们在理论的指引下应该做什么不应该做什么"完全取决于人们将不得不在其中活动的那个特定的历史环境"（《致斐迪南·多梅拉·纽文胡斯》）。后实证主义也认为"社会现实不可以被完全认知"。农村留守儿童的社会适应状况，也必然会随着社会自身发展而不断呈现出新的情况。而这种新的学科研究范式所具有的一定的包容性和开放性，也更适应对不断变化着的社会问题的解释。

其次是事实性叙事与理论化分析的辩证展开。我们很多专题研究往往是以理论研究的形式出现的，即使进行创新性研究，更多的是进行理论的、话语的创新。客观来讲，在大力推进中国特色哲学社会科学话语体系建设的今天，我们不仅需要理论创新、话语创新，也需要运用创新的理论和话语来解释我们遇到的新情况、新问题。理论研究，其实质是一种复杂社会的简化分析机制，因此需要凝练的理论话语和术语概念。德勒兹就曾申明"哲学就是创造概念"，其实任何学科的理论都需要通过"创造概念"来完成对复杂社会的"简化理解"。同时，德勒兹也强调"概念就是事件"。因此我们的理论创新和应用，要立足于理论生成的现实境域，不能剔除鲜活的经验内容而只对问题做自说自话的分析。这种近乎"形而上学"的研究进路较大的局限性就在于它的抽象性，从而在一定程度上脱离现实，不仅无助于说明问题是什么，更奢谈如何很好地解决问题。《体育参与促进农村留守儿童社会适应的实证研究》一书，在研究的理论基础以及问题分析和方法运用过程中，有一个贯穿始终的好习惯，就是注重理论性分析与事实性叙述的有机结合。如通过对初级群体理论、符号互动理论等社会学理论以及社会认知理论、计划行为理论等心理学理论的阐释，非常明确地把复杂问题研究进行了理论聚焦。另外在具体问题的展开上，任一研究假说的提出，都必然伴随理论分析和实证分析。如补偿效应模型和保护效应模型等理论的分析，对心理一致感在家庭经济压力与农村留守儿童社会适应关系中的中介作用做了科学的阐释，奠定了"假说不假"的理论基础。依托实证研究的采样数据进行模型架构与假说检验，进一步论证了"假说"的判断。因此，任何理论创新和应用，都要建构在坚实的事实性叙事基础之上。《体育参与促进农村留守儿童社会适应的实证研究》一书，可以说在事实性叙事和理论化分析两个维度实现了合逻辑的辩证展开。需要强调的是，社会互动理论、符号互动理论、凝聚力理论等，其核心在于对人的自我认识、人的心理活动、人类行为的分析，基本主张人的心理和行为是在互动性的社会关系中生成的。人的自尊、社会适应和自我实现，也都是在互动性的社会关系中凸显出来的。这是事实性叙事和理论化分析合逻辑辩证展开的关键。

最后是科学性论述与人文性关怀的相得益彰。社会现实问题，归根结底是围绕"人"展开的。体育人文社会科学研究最终也是为人的自由且全面发展服务的。它在关注体育对人的生理性身体机能影响时，更应该关注对人的精神性心理观念的影响，以及这一影响对生理性身体的作用反馈。

这就是"身心一元"的"具身化"哲学在体育科学中的直观呈现,"身心一元"的人,也成为真正的体育人文社会学的主体。同时,"具身化"还意味着体育科学视角下的"主体"完成了从"空间"场域向"时间"场域的历时性流变。任何进行着体育活动的人,都在与社会环境、具体制度、观念形态的互动中塑造着新的自我。身体的运动和心理的"运动"形成了一个辩证展开的过程。由此我特别关注到,《体育参与促进农村留守儿童社会适应的实证研究》一书,在初步完成了对"留守儿童"的社会适应分析之后,专门讨论了"留守经历与青年大学生社会适应"的问题。诚然,农村留守儿童的社会适应问题,其实质是以"主体"姿态出现的"少年儿童"的健康成长问题。而当"主体"成长为具有"留守经历"的"青年大学生"时,特别是作者专门讨论已经成为"历史"的留守经历对生活于"现在"这一真实时空中的人的影响时,我们深刻体会到了体育人文社会学应有的社会历史性与人学主体性。无论是留守经历,还是体育参与,我们真正关注的也应该是在空间延展中完成的叙事,如何在时间绵延中长久地触动着"主体"的心灵世界,不断地塑造者"主体"的精神品格。把握住了这一点,就把握住了任何体育人文社会学研究议题的关键。无论是在留守儿童问题研究中还是在体育教育、群众体育、体育文化、体育精神的研究中,"人"的问题始终是核心问题和本质问题。作者对这一宗旨或显或隐的反复申述,充分彰显了科学研究浓郁的人文关怀和人学底色。

青年毛泽东在《体育之研究》中有句名言:"欲文明其精神,先自野蛮其体魄;苟野蛮其体魄矣,则文明之精神随之。"人类文明进程中的思想文化和精神观念,不只是刊印在纸面上的语言符号,也没有随着人类活动的瞬间性而消逝在过去了的时空中。就像几十年前中国女排用"五连冠"塑造的"女排精神",今天依旧在运动赛场上、在全民健身的舞台上、在一个个鲜活的奔跑着的"身体"中流淌、积淀、向前涌动。就像作者在书中提到的,那个曾经作为"工具""中介"的篮球,那场在山间乡野的简陋院坝上举办的篮球赛,多年后依旧会在一个朝气蓬勃的青年人心中回放和激荡。这就是体育带给人的力量。

是为序。

目　录

绪　论

一、农村留守儿童社会适应研究现状

（一）留守儿童社会适应图谱分析

1. 发表年度趋势

为进一步明晰留守儿童社会适应研究的进展情况，以中国知网（CNKI）全文数据库文献作为检索来源，将检索条件设置为 2012—2022 年近 10 年的总 253 篇文献：主题以"留守儿童""社会适应""留守儿童社会适应"等关键词为检索内容。从发表年度趋势（图 1 - 1）可知，2012—2017 年农村留守儿童研究领域备受关注，发文量开始持续增长，但是 2017—2018 年呈现下降趋势，2018—2020 年趋于平稳，2020—2021 年发文量达到最高，说明关于留守儿童社会适应的研究处于波浪式前进发展。

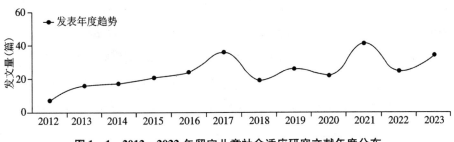

图 1 - 1　2012—2022 年留守儿童社会适应研究文献年度分布

2. 研究机构

253 篇主题为留守儿童社会适应的研究文献，学术研究机构分布广泛，通过运用知识图谱文献可视化软件对研究机构发文量进行分析，可以客观地展现学术领域研究的空间分布情况。由图 1-2 可知，名列榜首的是遵义医学院和西南大学，以留守儿童社会适应为主题发表文献 11 篇，占总发表篇次 4.35%；其次是闽南师范大学和盐城师范学院，发文量为 8 篇，占总发表篇次的 3.16%；除此之外发表篇位次居前列的有华中师范大学、北京师范大学、西南财经大学。

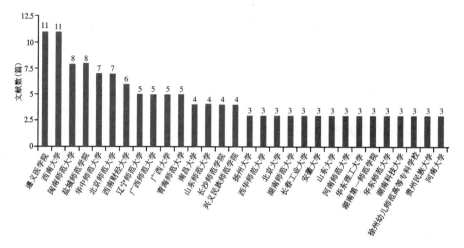

图 1-2　2012—2022 年留守儿童社会适应学术机构分布情况

整体来看，多数高产研究机构处于经济较发达的华东、华中地区，经济发展相对落后的西南、西北地区研究机构屈指可数，具有明显的区域性不平衡特征。从 2012—2022 年留守儿童社会适应研究的科研机构知识图谱（见图 1-3，节点代表科研机构，节点之间的连线代表机构之间的合作关系）中可以看出：各科研机构和学者大多数处于"各自为战"的状态，只有少数科研机构相互深度合作。例如：北京师范大学心理发展研究所、北京师范大学心理发展学院、长沙师范学院、湖南科技大学、青海师范大学、盐城师范大学等高校的研究学者进行了良好的合作。他们以多种方式进行合作与交流，对我国留守儿童社会适应的发展产生积极影响，从而促进留守儿童社会适应的学术繁荣与发展。

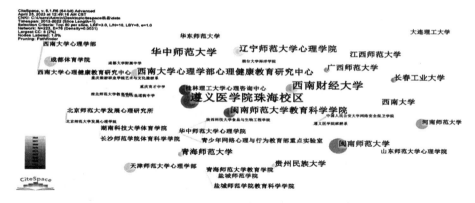

图1-3 2012—2022年留守儿童社会适应研究机构分布知识图谱

3. 研究主题

留守儿童社会适应的研究可以通过高频关键词来确定，利用Cite Space知识图谱对2012—2022年的253篇主题为留守儿童社会适应的研究文献进行数据统计，得到关键词研究热点可视化图谱（图1-4），节点大小与关键词频次成正比；中心性表示以量化点在网络中重要地位的图论概念，中心性越高说明图谱中的关键节点重要性越高。从图1-4来看，当前留守儿童社会适应研究领域中，社会支持、心理健康、心理弹性、流动儿童、学校适应、影响因素、亲子关系、应对方式、自尊、体育游戏等关键词是留守儿童社会适应的研究热点。

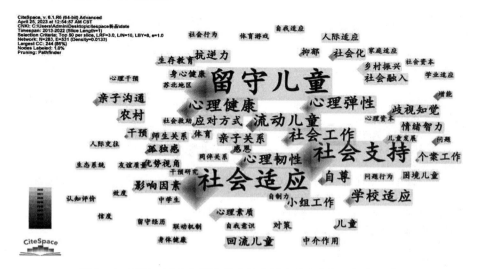

图1-4 2012—2022年留守儿童社会适应研究主题可视化图谱

（二）农村留守儿童社会适应国内外研究现状

随着我国现代化进程的不断加快，父母外出打工为提升家庭经济收入，给孩子提供基本生存资料和生活保障，让下一代能紧跟新时代的步伐，过上比自己更好的生活。但父母的远离让农村留守儿童生活在特殊的环境中，他们可能出现学习、人际关系、家庭、情绪适应等方面的问题。

农村留守儿童社会适应行为表征，在学习适应方面：曹述蓉提出留守儿童的学习成绩两极分化比较严重，一些学习适应能力较强的留守儿童，学习成绩相对较好，一些学习适应能力差的留守儿童学业成绩不理想①。宋三英认为、留守儿童的学习态度不端正，作业没有按教师的要求去做，甚至不交作业②。在人际交往方面：陆建兰等认为，留守儿童表现为拘谨、遇到困难容易退缩、自卑感比较强、做事没有信心③。赵磊磊等认为很多留守儿童在独特的环境中成长，形成内向性格，不愿与人沟通，多想多疑，自信心不足，在家庭适应方面，农村留守儿童的生活自理能力和做家务能力较强④。陈新花和李珍连的研究表明，在与父母关系方面，非留守儿童与父母的关系相比留守儿童与父母的关系要好⑤。贾文华认为，父母长期不在家，与留守儿童的陪伴与沟通交流较少，可能会使农村留守儿童性格上变得沉默、忧郁等，使他们失去了应有的活力，社会适应水平降低⑥。在情绪适应方面，冯云燕指出缺少了父母关爱的孩子们出现的自卑、盲目冲动、逆反等一系列心理问题，已对孩子的健康成长造成影响⑦。王茜和王雪峰对留守儿童进行调查发现，留守儿童不能很好地控制自己的情绪，较为冲动，

---

① 曹述蓉. 农村留守儿童学校适应的实证研究——以湖北省 6 县 304 名留守儿童为例 [J]. 青年探索, 2006, 24 (3): 16 - 19.

② 宋三英. 农村留守儿童行为表现及教育策略 [J]. 甘肃教育, 2016, 572 (24): 28.

③ 陆建兰, 陈国鹏, 陆家海. 河池地区农村留守儿童人格特征分析 [J]. 中国学校卫生, 2008, 29 (1): 48, 50.

④ 赵磊磊, 王依杉. 农村留守儿童学校适应的问题分析及治理对策 [J]. 当代教育科学, 2018, 33 (1): 81 - 84.

⑤ 陈新花, 李珍连. 广西边境地区农村留守儿童的社会化差异分析——以崇左市龙州县金龙镇的儿童个案调查为例 [J]. 西北人口, 2008, 29 (2): 104 - 106.

⑥ 贾文华. 农村留守儿童人格特征、应对方式与心理适应性关系 [J]. 心理科学, 2012, 35 (1): 142 - 147.

⑦ 冯云燕. 农村留守儿童心理问题与解决对策 [J]. 现代农村科技, 2022, 57 (4): 78.

在性格上容易出现任性、承受力差、冷漠焦虑、容易逃避责任等特点①。

综上所述，大多数研究表明农村留守儿童在学业适应、人际关系、心理健康、性格、家庭适应等多方面表现出较多问题，而只有少部分留守儿童在助人行为表现上积极，自理能力强且生活比较独立，促进农村留守儿童健康成长需要家校社共同联合。

（三）农村留守儿童社会适应存在的问题研究

2016 年，国务院在加强农村留守儿童的关爱保护工作的相关文件中指出要平等地对待农村留守儿童，他们是祖国的未来和希望，关爱保护农村留守儿童需要的是全社会人员共同的关心与重视。我们的研究需要更加重视以及关注农村留守儿童，了解农村留守儿童发展情况以及可能出现的问题。

在家庭方面，王潇天认为受家庭条件或是孩子自身等多种因素影响，大部分外出务工人员的孩子都没有成年，父母无法对其直接照顾，同时，现在我国留守儿童表现出了令人担忧的健康状况，在生活、身体、心灵、社会以及生存环境等多个方面都出现了严重的问题②。单白雪认为由于家庭贫困、生活条件差或者监护人监管不力等原因，与非留守儿童相比，农村留守儿童面临着严重的健康问题，生长迟缓、低体重、消瘦的发生风险高于其他儿童③。在学校方面，肖敏认为寄宿留守儿童比非寄宿制留守儿童的情绪智力更强，心理健康水平更高④，但也有研究表明寄宿留守儿童比非寄宿留守儿童会表现出更多学习焦虑、叛逆等问题。同时，还有研究指出，教师的情绪劳动对学生有着重要影响，教师高质量的情感支持可以帮助学

---

① 王茜，王雪峰．湖南省中学农村留守学生与农村非留守学生体质健康的比较与启示 [J]．体育科技文献通报，2010，18（2）：14－15.
② 王潇天．LF 地区农村留守儿童体质健康现状与影响因素研究 [D]．临汾：山西师范大学，2020.
③ 单白雪．中国农村留守儿童与非留守儿童健康状况比较研究 [D]．济南：山东大学，2017.
④ 肖敏，葛缨，曹成刚．农村寄宿制留守儿童情绪管理与心理健康关系分析 [J]．中国学校卫生，2010，31（11）：1294－1296.

生克服部分的消极情绪，有效降低学生的学业情绪、适应不良等问题①。在社会方面，秦晗研究发现，农村留守儿童的社会支持系统仍不完善，仍然存在农村教师数量短缺、社会慈善力量支持匮乏以及儿童同辈群体缺乏正确引导等问题②。在自身方面，普遍认为留守儿童出现了不同程度的问题，刘佐信研究发现留守儿童容易产生成就感低、自控力差、自尊心较低、焦虑等问题③。赵宏在调查中得出留守儿童对自己的价值观念和道德意识缺乏正确的认识④。但曹述蓉认为留守儿童并非都是贫困儿童和问题儿童，在生活自理能力和做家务上的表现比非留守儿童更强⑤。

综上所述，与非留守儿童相比，农村留守儿童社会适应方面所出现的问题，会受到学校、家庭、社会的影响，主要表现在师生关系、家庭功能、社会支持等方面。

（四）农村留守儿童社会适应影响因素研究

1. 家庭因素

梅小芬和丁庆庆认为，亲子分离会对儿童安全感产生显著影响⑥。李培等研究表明父母回家频率、亲子联系频率、父母的打工距离、父母的期望以及同住对象对农村留守儿童社会适应性有较为重要的影响⑦。刘苗认为留守儿童社会化过程中的"重要他人"缺失，家庭结构不完整，导致家长的教育示范作用也大打折扣。监护人没有给留守儿童提供学习上的指导和心理上的沟通，教育意识淡薄也直接影响留守儿童的社会化进程⑧。汤春晖指

---

① HUGHES J N, LUO W, KWOK O M, et al. Teacher-student support, effortful engagement, and achievement: A 3-year longitudinal study [J]. Journal of educational psychology, 2008, 100 (1): 1 – 14.

② 秦晗. 农村留守儿童社会支持的实证研究 [D]. 咸阳：西北农林科技大学，2019.

③ 刘佐信. 农村留守儿童社会适应现状与教育对策 [D]. 上海：上海师范大学，2009.

④ 赵宏. 浅谈农村留守儿童教育存在的问题及对策 [J]. 新课程，2020，13 (43)：5.

⑤ 曹述蓉. 农村留守儿童学校适应的实证研究——以湖北省6县304名留守儿童为例 [J]. 青年探索，2006，23 (3)：16 – 19.

⑥ 梅小芬，丁庆庆. 加强家校联系，提高留守儿童的安全感 [J]. 天天爱科学（教育前沿），2019，2 (5)：171.

⑦ 李培，何朝峰，覃奠仁. 民族地区留守儿童的情绪调节能力与社会适应 [J]. 安庆师范学院学报（社会科学版），2010，29 (6)：81 – 85.

⑧ 刘苗. 媒介接触对农村留守儿童社会化的影响及对策研究 [D]. 济南：山东师范大学，2016.

出农村留守儿童家庭教育存在问题的原因主要是父母缺乏家庭教育意识，家庭、学校和社会没有形成教育合力，朋辈负面影响这三方面造成的。当父母外出工作后，留守儿童的家庭关系和家庭的组织结构发生改变，导致家庭的社会化功能减弱。胡铮提出农村留守儿童问题主要表现在因监护不到位和家庭教育缺失而出现的各类心理问题、学习问题、生活问题、行为问题等，较少关注到留守儿童的社会适应性问题①。魏昭指出父母外出打工，家庭教育缺位，家庭功能发挥不充分，对容易受外部各种环境影响的农村中小学留守儿童来说，他们对周围的一切充满怀疑，对人不信任，逆反心理强，对抗情绪严重②。赵付林提出农村留守儿童比非留守儿童在家庭关系上的适应能力更差，留守儿童与父母沟通较少、性格较为内向并且大部分偏向与妈妈交流③。陈桂兰指出家庭环境的不稳定也是导致留守儿童缺乏安全感和归属感的原因之一，父母长期不在身边，对别人的信任值较低，交流较少，当自己遇到难以解决的困难和挫折时，缺乏感情依靠，他们选择谁也不说，独自忍受，久而久之变得不愿与人交流，进而容易出现社会适应问题④。郭浩和胡雨雯指出在家庭环境中，良性的亲子关系抑制儿童的违纪与攻击行为，良好的父母教养方式促进其积极行为并减弱消极行为⑤。

综上所述，父母忽略了家庭教育、家庭氛围、家庭环境、家庭功能对留守儿童的影响，也缺乏与孩子的情感交流、学习上的关心、心理上的疏导，对留守家庭社会化的进程产生了消极影响。

2. 学校因素

学校作为教育主阵地，在留守儿童的教育过程中起着主导性作用，探讨留守儿童社会适应的学校影响因素，有助于学校教育的开展及相关校本课程的设置，这对留守儿童社会适应能力的发展更具实际意义。

① 胡铮. 足球游戏对留守初中生社会适应能力影响的研究 [D]. 重庆：重庆工商大学，2020.
② 魏昭. 农村留守儿童心理问题的表现、成因及转化对策研究 [J]. 甘肃教育，2018，39（17）：29.
③ 赵付林. 农村留守儿童社会适应能力研究 [D]. 武汉：华中农业大学，2016.
④ 陈桂兰. 农村学校留守儿童存在的问题及对策 [J]. 甘肃教育，2022，43（14）：58 - 60.
⑤ 郭浩，胡雨雯. 家庭环境和同辈群体对农村留守儿童社会行为的影响——基于 CEPS 数据分析 [J]. 乡村论丛，2022，3（5）：91 - 98.

崔晓鸢研究发现，在学校环境中，学校所提供媒介资源的优劣、学生所处媒介环境的好坏、教师媒介素养水平的高低及其媒介利用等情况对留守儿童媒介素养具有一定影响①。周强认为"体教融合"是促进留守儿童身心健康的重要因素②。蒋曼曼认为，由于部分教师对农村儿童尤其是农村留守儿童缺乏学习上的关心和情感上的沟通以及学校硬软件条件不足等因素对农村留守儿童的社会化也有不利影响③。曹述蓉提出师生关系对留守儿童的学校适应有影响，具体表现为与教师的交流频率和师生的亲密度越高，则留守儿童的学校适应水平也越高④。张翠翠剖析学校在促进农村留守儿童教育发展过程中存在的问题，主要表现为学校教育没有弥合留守儿童家庭教育的缺失，对留守儿童教育干预的不足，对留守儿童帮扶不够⑤。梁海青研究表明，课程设置、师资力量、硬件设施、校风学风、人际关系、班级结构、教师信念和自我效能感是影响农村留守儿童学习能力的影响因素，并且以学习动机为中介效应，正向影响学习能力⑥。

综上所述，学校教育在留守儿童的社会化过程中起着主导性作用，学校教育应在弥合留守儿童家庭资本短缺方面发挥其独特作用，师生关系越亲密，留守儿童的学校适应水平也越高。

3. 社会因素

是否能接受到良好的教育已经不仅仅是农村留守儿童受教育的问题，而是关系到社会中的弱势群体是否可以持续健康发展，更关乎社会是否可以均衡发展。

刘晓静提出在农村留守儿童亲子沟通与心理适应或社会适应中，社会

---

① 崔晓鸢. 农村留守儿童媒介素养发展的学校影响因素研究［D］. 曲阜：曲阜师范大学，2018.

② 周强. 蒙城县农村留守儿童课外体育锻炼现状调查与对策研究——以楚村镇为例［J］. 才智，2015，15（9）：20 - 21，23.

③ 蒋曼曼. 农村留守儿童社会化状况研究［D］. 武汉：华中农业大学，2011.

④ 曹述蓉. 农村留守儿童学校适应的影响因素分析［D］. 武汉：华中科技大学，2006.

⑤ 张翠翠. 农村留守儿童学校教育问题与改进研究［D］. 济南：山东师范大学，2022.

⑥ 梁海青. 学校环境下农村留守儿童学习能力发展的影响因素研究［D］. 曲阜：曲阜师范大学，2017.

支持发挥部分中介作用①。蒋曼曼提出，大众媒介对农村留守儿童社会化起着重要的影响，如广播、电视、报纸、书籍等②。乔春芝研究发现农村儿童手机的使用率已经超过课外书和电视③。蒋曼曼提出同辈群体是个体早期初级社会化的一个重要环境因素，家庭功能不健全、学校社会化功能缺乏补充的情况下，同辈群体对个体社会化的影响就显得越发重要④。叶敬忠和潘璐提出在农村留守群体中交往最多的是同辈群体，在生活和学习中接触较为频繁，最易成为模仿的对象，留守儿童的行为、举止必然会受到同辈群体的影响⑤。

综上所述，每个影响因素都具有自身显著的特点，社会因素时刻在变化且复杂多样，因此，要想维护农村儿童受教育的环境以及提升留守儿童的社会适应能力，必须用部分影响整体的思维分析多方面影响因素，真实地用实际行动去关爱农村留守儿童的生活，才能让农村留守儿童的社会适应能力得到更好的发展。

4. 个人因素

人格特质在儿童社会适应过程中起主导作用。社会信息加工模型显示，在特定情形下，儿童会先视情况进行社会认知加工，而后根据加工结果作出相应的行为反应。社会认知理论指出，个体内部因素（如自卑感、孤独感、归属感）会影响其社会行为。根据弗洛伊德的人格发展理论，留守儿童良好社会适应的关键在于个体中的自我能否协调好本我与超我之间的关系，三者之间若能够达到平衡状态，则机体内在环境与社会外在环境能够保持和谐状态，也就代表社会适应良好。自我概念是个体对自我存在状态的认知，根据15项研究的元分析发现积极的自我概念对农村留守儿童心理健康水平的提高有显著作用。心理弹性是影响留守儿童社会适应能力的首要因素，个体心理弹性水平会作用于留守儿童社会适应。此外，留守儿童

---

① 刘晓静. 农村留守儿童亲子分离适应及其影响因素研究 [D]. 漳州：闽南师范大学，2017.

② 蒋曼曼. 农村留守儿童社会化状况研究 [D]. 武汉：华中农业大学，2011.

③ 乔春芝. 媒介对农村留守儿童社会化的影响 [D]. 合肥：安徽大学，2017.

④ 蒋曼曼. 农村留守儿童社会化状况研究 [D]. 武汉：华中农业大学，2011.

⑤ 叶敬忠，潘璐. 别样童年：中国农村留守儿童 [M]. 北京：社会科学出版社，2008.

对自我角色的定位决定其行为模式，由于其生存环境的特殊，他们不仅要扮演学生、孩子的角色，还要扮演家长的角色，在不出现角色混乱的情况下，多重角色的责任能够发展其家庭适应能力。

二、农村留守儿童体育参与研究现状

（一）农村留守儿童体育参与图谱分析

1. 研究主题

将 CiteSpace 中的节点类型选择为关键词，最终生成留守儿童体育参与研究的关键词图谱，在关键词知识图谱内的节点半径愈大，代表其出现频次愈多，对搜索到的文献进行关键词聚类，相关研究的聚焦点主要围绕着以下 5 个领域：留守儿童、体育活动、体育参与、体育锻炼、对策。

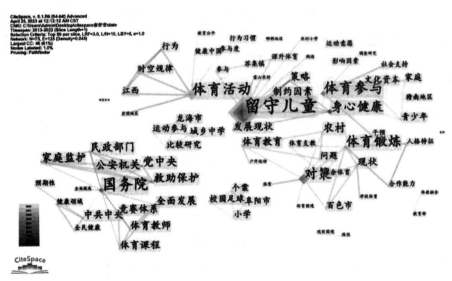

图 1-5　2012—2022 年留守儿童体育参与研究主题可视化图谱

2. 研究机构

选取节点类型为机构，生成合作机构知识图谱，合作机构知识图谱主要用于展示机构间的合作关系。从图 1-6 可以看出，在留守儿童体育参与领域，主要的研究机构有：上海体育学院、成都体育学院、华中师范大学、湖南第一师范学院体育学院，可以看到，各机构间的合作与联系并不密切，有联系的机构也是由少数学校两两组成的机构间双向合作图。

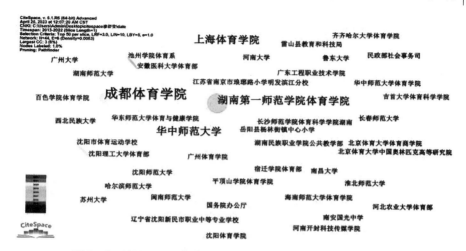

图 1 - 6 2012—2022 年留守儿童体育参与研究机构分布知识图谱

由图 1 - 7 可知，对留守儿童的研究在这数十年间从未间断，留守儿童的体育参与、身心健康、体育锻炼等问题成为研究热点，从时间轴可以看出，有关"留守儿童体育参与"的热词在 2013—2014 年主要聚焦于体育参与、留守体育以及对策等方面，2015—2019 年研究数量上下起伏波动，在 2020 年达到研究顶峰。

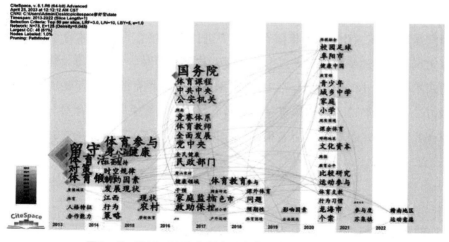

图 1 - 7 2012—2022 年留守儿童体育参与研究时区图谱

（二）农村留守儿童体育参与现状

体育活动对增强留守儿童体质，增进健康具有正向作用。本研究采用文献资料法、问卷调查法和访谈法等科研方法，对农村留守儿童体育参与的现状进行调查与分析，从中找出影响留守儿童体育参与的因素以及体育参与存在的问题。

1. 体育活动对农村留守儿童价值政策探究

体育是"五育"之一，在"五育"中占有非常重要的地位，在促进个体社会化进程中发挥着不可比拟的作用。国家和政府也逐渐开始重视体育在促进留守儿童全面发展方面的正向作用。

2007 年 5 月，中共中央　国务院《关于加强青少年体育增强青少年体质的意见》中指出增强青少年体质、促进青少年健康成长，是关系国家和民族未来的大事①。2016 年 2 月 14 日国务院《关于加强农村留守儿童关爱保护工作的意见》，提出以促进未成年人健康成长为出发点和落脚点，坚持依法保护，不断健全法律法规和制度机制，坚持问题导向，强化家庭监护主体责任，加大关爱保护力度，逐步减少儿童留守现象，确保农村留守儿童安全、健康、受教育等权益得到有效保障②。2016 年 5 月，国务院办公厅在《关于强化学校体育促进学生身心健康全面发展的意见》中指出，强化学校体育是实施素质教育、促进学生全面发展的重要途径，对于促进教育现代化、建设健康中国和人力资源强国，实现中华民族伟大复兴的中国梦具有重要意义③。2016 年 10 月，中共中央　国务院《"健康中国 2030"规划纲要》提出，实施青少年体育活动促进计划，培育青少年体育爱好，基本实现青少年熟练掌握 1 项以上体育运动技能，确保学生校内每天体育活动时间不少于 1 小时④。2010 年 7 月，《国家中长期教育改革和发展规划纲要（2010—2020 年）》，表明体育是实现身心健康的重要手段，体育参与对农村留守儿童的身心健康发展有着很大的作用。2017 年 10 月份，在党的十九大

① 中共中央　国务院. 中共中央　国务院关于加强青少年体育增强青少年体质的意见［EB/OL］.（2007 - 05 - 07）［2024 - 07 - 26］. https：//www. gov. cn/gongbao/content/2007/content_663655. htm.

② 国务院. 国务院关于加强农村留守儿童关爱保护工作的意见［EB/OL］.（2016 - 02 - 04）［2024 - 07 - 26］. http：//www. gov. cn/zhengce/content/2016 - 02/14/content_ 5041066. htm.

③ 国务院. 国务院关于强化学校体育促进学生身心健康全面发展的意见［EB/OL］.（2016 - 05 - 06）［2024 - 07 - 26］. http：//www. gov. cn/zhengce/content/2016 - 05/06/content5070778. htm.

④ 中共中央　国务院. 中共中央　国务院印发《"健康中国 2030"规划纲要》［EB/OL］.（2016 - 10 - 25）　［2024 - 07 - 26］. https：//www. gov. cn/zhengce/2016 - 10/25/content_ 5124174. htm.

报告中，习近平总书记站在新时代和中华民族伟大复兴的战略高度，创造性地提出实施乡村振兴战略，并将之并列为要坚定实施的七大战略之一。农村问题中最突出的是留守儿童问题，青少年作为实施全民健身计划的重点人群，其身体健康问题是国家综合实力的重要体现，是社会文明进步的重要标志。

2018 年，习近平总书记在全国教育大会中指出：要努力构建德智体美劳全面培养的教育体系，形成更高水平的人才培养体系。要把立德树人融入思想道德教育、文化知识教育、社会实践教育各环节，贯穿基础教育、职业教育、高等教育各领域。2019 年 7 月，中共中央　国务院于《关于深化教育教学改革全面提高义务教育质量的意见》中提到，坚持健康第一，实施学校体育固本行动，严格执行学生体质健康合格标准，健全国家监测制度①。2019 年 8 月，国务院办公厅在《体育强国建设纲要》中提到，推动全民健身公共服务资源向农村倾斜，促进重点人群体育活动开展，提高身体素养②。2020 年 8 月，体育总局、教育部在《关于深化体教融合　促进青少年健康发展的意见》中指出，深化体教融合，促进青少年健康发展，推动青少年文化学习和体育锻炼协调发展③。

2. 农村留守儿童体育参与

（1）留守儿童体育参与方式研究

体育组织形式主要有课内的体育课以及课外体育活动两种。大部分研究多从课外体育活动进行探讨，对体育课的研究较少。而体育参与按活动的组织方式可分为个人独自活动和集体活动，研究发现，农村留守儿童在课外体育活动中多数人是与同伴共同参与，在体育课上主要由体育教师统一安排。

① 中共中央　国务院.中共中央　国务院关于深化教育教学改革全面提高义务教育质量的意见［EB/OL］.（2019－06－23）［2024－07－26］. https：//www. gov. cn/gongbao/content/2019/content_ 5411564. htm.

② 国务院办公厅. 国务院办公厅关于印发体育强国建设纲要的通知［EB/OL］.（2019－09－02）［2024－07－26］. https：//www. gov. cn/zhengce/zhengceku/2019－09/02/content_ 5426485. htm.

③ 体育总局　教育部. 体育总局　教育部关于印发深化体教融合　促进青少年健康发展意见的通知［EB/OL］.（2020－08－31）［2024－07－26］. https：//www. gov. cn/zhengce/zhengceku/2020－09/21/content_ 5545112. htm.

赵楠对 132 名留守儿童在参与课外体育活动情况的调查中发现，超过50% 的留守儿童愿意融入集体与同伴共同参加活动，但他们选择的同学大多是留守儿童，原因是与留守儿童共同活动时更轻松自在，而与非留守儿童活动时他们不经意的话语会伤及留守儿童自尊心①。同样，薛苏娥在调查中发现，近半数留守儿童愿意与同伴共同参与活动，但同伴多为留守儿童，其次，具有较强个性的留守儿童愿意独自活动②。谢红在研究中发现，双牌县留守儿童独自参与体育活动的人数占比最多，其次是与自己的哥姐③。魏雪在走访中发现，留守儿童参加课外体育活动的形式主要有独自活动，与朋友和同学一起、与监护人一起参加体育活动，校外有偿的体育培训等，但最主要的形式是与同学、朋友一起④。阮福华在研究中发现，农村中学生体育课运动参与方式主要是由课间体育老师统一组织和按性别分组来安排⑤。赵山涛通过调查发现，近一半的女生和 30% 的男生喜欢和同学一起以自由活动的形式上体育课⑥。

综上所述，在课外体育活动中，多数留守儿童愿意融入集体与同伴共同参加活动，这表明他们在社会性发展方面较为完善，而在体育课中，体育参与的方式主要由体育老师统一组织和按性别分组，但大部分人还是喜欢和同伴一起参与活动。

（2）农村留守儿童体育参与频长情况研究

运动频率能够有效地评定锻炼效果。2019 年美国医学会健康建议中指出：每周坚持 3～5 次运动有助于增强体质、增进健康水平。根据留守儿童每周参加体育活动的频率不仅能够了解他们参与体育活动的积极性还能够看出留守儿童的运动习惯。

① 赵楠. 农村留守儿童体育参与现状调查及对策研究——以聊城市东昌府区为例［D］. 烟台：鲁东大学，2017.

② 薛苏娥. 泗阳地区留守儿童体育参与行为调查研究［D］. 苏州：苏州大学，2017.

③ 谢红. 农村小学留守儿童课外体育活动现状调查及对策研究［D］. 广州：广州体育学院，2017.

④ 魏雪. 农村留守儿童参与校外体育活动的现状分析［D］. 武汉：华中师范大学，2016.

⑤ 阮福华. 城乡初中学生运动参与现状的比较研究——以福建省龙海市为例［D］. 漳州：闽南师范大学，2020.

⑥ 赵山涛. 湘西自治州 9～12 岁农村留守儿童体质状况及影响因素研究［D］. 吉首：吉首大学，2012.

体育课是学校体育教学中最基本、最简单的组织形式，是学生掌握体育基本知识和体育基本技能的重要途径，《义务教育体育与健康课程标准》中指出小学三、四年级也就是水平二学段的小学生以及五、六年级水平三学段的学生每周应该开设 3 节体育课。马清俊在调查访谈中发现，其所调查的 10 所农村小学都按照《义务教育体育与健康课程标准》开设学校体育课，每所学校 4～6 年级 1～8 周开设体育课，每周有 3 节，每节课 40 分钟①。但吴晓强指出随年级增长，体育课的开课率有逐渐下降趋势。

胡楚在研究中发现，留守儿童参与校外体育活动的频次主要分布在 2 次，时长主要集中在 21～40 分钟，每周参与校外体育活动的时间短、频次低、间隔较长②。李花在研究中发现多数学校体育课开设情况未达到学校体育工作条例准则，临近期末考试，体育课被占用现象较为普遍，且课堂组织形式单一，多为解散式，学习过程单调，对留守儿童的个性化教育重视程度不够③。在调查中还发现，国家规定的阳光体育大课间活动在部分学校并未开展，体育活动参与度和积极性都较低。袁玉涛和臧朔指出其调研地区学校以及社区未积极地去开展适合农村留守儿童的体育活动，学生参与体育活动的次数低④。朱娜等在调查中发现近 95% 的留守儿童在课余时间要从事繁重的家务劳动，体育活动参与率低下⑤。徐超在研究中发现该地中小学体育课都没有达到教育大纲规定的要求，体育课流于形式⑥。

综上所述，农村小学基本都能按照《义务教育体育与健康课程标准》开设学校体育课，但随年级增长，体育课的开课率有逐渐下降趋势，此外，由于留守儿童自身内部因素以及学校体育政策落实不到位等外部因素，农

---

① 马清俊. 康乐县苏集镇留守儿童参与体育活动的现状调查 [D]. 兰州：西北民族大学，2021.

② 胡楚. 湖南省农村留守儿童体育活动参与度研究——以郴州地区为例 [D]. 长沙：湖南师范大学，2021.

③ 李花. 遵义县山盆镇学校体育现状研究 [D]. 哈尔滨：哈尔滨师范大学，2015.

④ 袁玉涛，臧朔. 保定市农村留守儿童体育活动现状研究 [J]. 科学大众（科学教育），2015，69（9）：95.

⑤ 朱娜，黄天阳. 农村留守儿童体育健身活动植入与陪伴模式的构建 [J]. 沈阳体育学院学报，2017，36（4）：92-97，127.

⑥ 徐超，李亚明. 常德市谢家铺镇留守儿童体育参与研究 [J]. 运动，2017，173（21）：155-156.

村留守儿童参与课外体育活动的时间短、频次低、间隔较长。

（3）农村留守儿童体育参与项目情况研究

体育项目是农村留守儿童参与体育活动的物质前提，受其经济和地理因素影响，农村地区可选择的体育项目少，因此，多数留守儿童会选择场地要求较低的运动项目。此外，农村留守儿童会选择利用乡土项目和传统项目来代替现代体育运动项目以达到强身健体的目的。

①种类

徐云亮提出，对于需要特定体育设施的体操、舞蹈、轮滑等体育项目，在农村地区开展度很低[①]。肖璐在调查中发现，在课外体育活动项目的选择上，中学阶段和小学阶段的留守儿童存在较大差异，留守中学生较多选择跑步、跳绳等活动，以升学考试体育测试的要求为目的而参与课外体育活动，而留守小学生则更多选择不受场地限制的运动项目[②]。张学文发现吉首市农村初中生参与体育课锻炼的项目较为传统、单调，女生倾向踢毽子、跳绳等对抗性小的项目，男同学大多喜欢对抗性强的篮球等项目，并且还会结合一些具有传统民族特色的体育项目如武术、陀螺、板鞋、高脚等[③]。章盈在调查中发现江西革命老区农村留守小学生的体育活动内容比较集中，最喜欢的是跑步，其次是跳绳[④]。

②影响因素

袁钊指出留守儿童在体育项目的选择上主要受主客观因素影响，主观因素主要有对体育活动的认知、态度、动机等，客观因素有场地器材、经济条件、体育氛围、友伴等[⑤]。袁玉涛等指出，农村留守儿童在体育项目的选择上，多以场地器材要求不高的项目为主，其活动场所大多在校内运动

———————————

① 徐云亮. 苏北地区农村留守儿童参与体育活动调查研究［J］. 运动精品，2020，39（4）：57-58.

② 肖璐. 山西省晋南地区农村留守儿童课外体育参与状况调查［D］. 上海：上海体育学院，2018.

③ 张学文. 吉首市农村留守初中生体育参与的现状及对策［D］. 吉首：吉首大学，2011.

④ 章盈. 江西革命老区农村留守小学生非上学时间体育活动行为时空规律的调查研究［D］. 南昌：南昌大学，2014.

⑤ 袁钊. 邯郸地区农村留守儿童课外体育参与状况及影响因素研究［D］. 成都：成都体育学院，2020.

场、村庄空地或是家庭院落①。刘瀚文认为留守儿童在参与体育活动时缺少足够的体育器材、没有专业的人去指导孩子进行体育活动、学校与村庄里缺少标准的体育场地，参与体育的项目会受到很大程度的限制②。蔡猛等认为由于受客观条件影响，农村留守儿童聚集地区体育基础设施匮乏，大部分留守儿童在项目选择上会考虑场地要求低、易操作的项目③。运用符合农村地理环境特点的传统项目、乡土特色项目来实现增强体质、增进健康、交友娱乐等目的。

综上所述，受农村环境设施限制、活动器械不足以及专业体育指导匮乏等因素影响，农村留守儿童在体育项目选择上大多数会选择场地限制小、参与要求低的项目，如：篮球、跑步、跳绳等。结合部分地区地域环境特点，留守儿童还会选择一些传统项目和乡土项目进行体育活动，如：武术、高脚、陀螺等，此外，升学要求也是影响留守中学生选择体育项目的主要因素。

（4）农村留守儿童体育参与存在的问题

多数研究表明，合理有效的体育干预措施对促进留守儿童身心健康、社会适应以及培养乐观的生活态度方面具有较大的正向作用，但我国农村地区特别是边远贫困山区体育活动的开展仍有较大的空白区，主要表现为师资力量不足、场地设施不完善、家校不重视等。

唐红明以农村学校体育教育为切入点，在调研中发现：中、西部地区的乡村小学，体育课开课率偏低，近半数的学校没有坚持开设早操和大课间操活动，学校领导对体育课重视程度不够④。张招娣等认为农村留守儿童参与课外体育锻炼主要存在以下问题：参与动机不足、锻炼时间和频率较

---

① 袁玉涛，臧朔. 保定市农村留守儿童体育活动现状研究 [J]. 科学大众（科学教育），2015，79（9）：95.

② 刘瀚文. 抚顺地区农村留守儿童参与体育活动状况调查研究 [D]. 乌鲁木齐：新疆师范大学，2012.

③ 蔡猛，尹志华，汪晓赞. 农村留守儿童参与体育锻炼的制约因素及其对策研究 [J]. 体育研究与教育，2014（S2）：1-4.

④ 唐红明. 农村留守儿童体育教育边缘化现象研究 [J]. 北京体育大学学报，2008（5）：660-662.

少、方式较单一以及农村小学实习支教老师专业水平有差异等问题①。冯燕萍指出农村留守儿童缺乏对课外体育活动中教育和交往功能的正确认识，部分学校专职体育老师缺乏对留守儿童进行专业的校外体育活动指导、校外场地不完善、社区体育器材匮乏、学校领导对留守儿童参与校外体育活动不重视、学生学业和家庭劳动负担等，是影响农村留守儿童参加校外体育活动的重要因素②。闫雪燕指出，农村留守儿童这一弱势群体的体育困境颇为显著，体现在家庭体育教育的贫乏，使体育引导不到位；情感的缺失导致的消极体育；隔代亲怕孩子吃苦的思想影响孩子的体育参与；农村学校体育的落后③，这都是阻碍留守儿童进行体育参与的重要因素。陈曙和何培森在湖南地区的调研中发现，从不进行体育运动的留守儿童接近20%，参加体育运动后其体质符合国家健康标准的留守儿童不足10%，多数留守儿童体育活动场所主要在学校运动场、村庄空地或活动中心，运动项目主要以操作便宜、场地设施低的项目为主④。唐君玲认为农村中小学生受地区经济落后、地理环境的影响，课外活动开展方式单一、落后，校外体育参与项目随意且少，参与频长得不到保证⑤。高灿玉发现农村家庭的生活负担很重，孩子们的大把精力耗费在做家务及干农活上⑥。

综上所述，多数农村地区经济发展较为落后，因受场地设施、教育理念、师资力量等因素影响，无法培养留守儿童正确的体育锻炼意识和体育习惯，此外，留守儿童对体育在促进个性化方面的认识不足，导致体育参与动机不强。

---

① 张招娣，孙勤燕，刘才金. 留守儿童参与课余体育锻炼现状调查——以白云小学为例 [J]. 体育科技文献通报，2020，28（6）：110-111.
② 冯燕萍. 阳江市农村留守儿童校外体育活动参与现状及对策研究 [D]. 广州：广州大学，2019.
③ 闫雪燕. 农村留守儿童体育困境及对策研究 [J]. 体育科技文献通报，2018，26（11）：29-30.
④ 陈曙，何培森. 湖南农村留守儿童体育活动参与现状的回归分析 [J]. 吉林体育学院学报，2016，32（4）：46-50.
⑤ 唐君玲. 湘鄂渝黔边区农村中小学体育现状与发展对策研究 [D]. 武汉：华中师范大学，2005.
⑥ 高灿玉. 体育促进留守学生身心健康的实证研究 [J]. 考试周刊，2014，8（34）：126-127.

（三）影响农村留守儿童体育参与的因素

1. 学校因素

学校的体育资源是学校体育正常运转、实现学校体育教育目标的基础条件，其中包括人力、财力、物质、组织资源四个方面。但目前农村体育教师师资力量不足、体育活动组织形式过于单一、参与机会少等问题是阻碍农村留守儿童体育参与的重要因素。

谢红在调查中发现学校缺乏专业体育教师的指导，场地不完善，陈旧的器材设施，上课内容、组织形式过于单一等，导致留守儿童缺乏对体育重要性的认识。此外，学校领导对留守儿童参与课外体育活动不够重视，影响了留守儿童参与体育活动的积极性①。石硕等表明农村地区场地器材的匮乏是制约少数民族与贫困地区留守儿童参加体育活动的首要因素，此外，学校对中学体育新课程理解和实施不透，对体育课程资源挖掘欠缺，使学生锻炼可选项目较少②。高东认为学校体育规范化教学水平低、教风不严谨、解散式教学是阻碍留守儿童进行体育活动的客观因素③。任秀安等指出学校在教学内容上多安排以掌握技术技能为主的项目，趣味性低、动作较难，而且农村小学体育活动学校的计划性、操作性和监督性差④。唐君玲认为边区农村中小学体育经费投入少，场地器材严重匮乏，体育物质条件的不完善，对学校体育和课外体育的发展产生了很大的影响⑤。

综上所述，学校体育是农村留守儿童体育参与的主要形式，但由于农村经济发展落后、器材设施不完善、师资力量薄弱，导致体育活动开展形式单一。此外，学校欠缺挖掘体育课程资源的能力，导致学生能选择的体育项目非常有限。

---

① 谢红. 农村小学留守儿童课外体育活动现状调查及对策研究——以双牌县为例 [D]. 广州：广州体育学院，2017.

② 石硕，张庭华. 海南省少数民族与贫困地区留守儿童体育活动参与现状分析 [J]. 改革与开放，2013，376 (19)：55－56.

③ 高东. 河南省农村留守儿童体育教育问题研究 [J]. 搏击（武术科学），2009，9 (6)：87－88.

④ 任秀安，郭燕. 河南省农村小学留守儿童的体育状况及其影响因素分析——以新乡、焦作地区为例 [J]. 南京体育学院学报（社会科学版），2009，23 (3)：42－46.

⑤ 唐君玲. 湘鄂渝黔边区农村中小学体育现状与发展对策研究 [D]. 武汉：华中师范大学，2005.

2. 家庭因素

农村留守儿童由于父母在外务工等原因，无法得到足够的照顾和陪伴，他们通常处于一种缺乏关注、缺乏安全感的状态中。学生在这种环境下学习和生活会影响他们的生活质量，同时对他们参与体育活动也会造成阻碍。

唐红明指出农村留守儿童家庭结构的特殊性使得留守儿童家庭的体育教育缺失①。梁艳慧认为农村学生家长关于"学习好才能出人头地"的观念根深蒂固，在重视学习成绩的同时忽略了体育锻炼对学生的益处②。高建磊认为家长缺乏对儿童健康教育的认识，"健康第一"的思想观念没有深入人心，他们常常把孩子的学习放在第一位，而忽视了儿童身体素质的培养③。闫雪燕指出父母在孩子成长过程中扮演着重要的角色，父母的教养程度、家庭生活方式以及对体育参与的态度直接影响儿童的生长发育与体质水平④。此外，毛敏认为某些体育活动需要购买专门的器材和设备，经济收入情况影响留守儿童体育参与⑤。

综上所述，家庭体育教育的贫乏以及引导的不到位直接影响留守儿童对体育锻炼的认识，以及体育活动的兴趣和参与度。此外，家庭经济压力也是影响农村留守儿童体育参与的重要因素之一。

3. 个人因素

人的内驱力是促使个体行动的内在动力，留守儿童对体育重要性及价值认识越全面，越能提高其参与体育活动的主动性和积极性。

吴迪认为儿童参与体育活动很大程度上取决于兴趣与动机，兴趣高、动机强则参与程度高⑥。季浏等认为学生受到体育学习、身体锻炼目标愿望

① 唐红明. 农村留守儿童体育教育边缘化现象研究 [J]. 北京体育大学学报, 2008, 50 (5): 660 - 662.
② 梁艳慧. 菏泽市农村小学学校体育现状的调查研究 [D]. 武汉: 华中师范大学, 2017.
③ 高建磊. 农村留守儿童课外体育锻炼特征的调查研究——以广东西部欠发达地区为例 [J]. 广州体育学院学报, 2009, 29 (1): 9 - 13.
④ 闫雪燕. 农村留守儿童体育困境及对策研究 [J]. 体育科技文献通报, 2018, 26 (11): 29 - 30.
⑤ 毛敏. 体育活动对留守儿童行为习惯影响的研究——以泸州市叙永县新苗实验学校为例 [D]. 成都: 成都体育学院, 2020.
⑥ 吴迪. 齐齐哈尔市农村留守儿童体育活动参与现状研究 [J]. 高师理科学刊, 2016, 36 (12): 65 - 67.

和环境诱因的影响，产生了体育运动的内部需要，出现了满足需要的意向，进而成为行为动力，推动学生从事体育学习和身体锻炼活动①。纪铭慧认为农村中学留守儿童对参加体育锻炼的认知水平不高，对体育锻炼的功能认识还不够全面，因此对体育兴趣以及参与体育活动的积极性不高②。张敏等认为留守青少年学生由于家庭经济条件影响导致体育消费较低，这严重制约了农村青少年形态、机能和身体素质的发展③。谢红认为由于留守儿童对体育价值的认识不够全面，体育意识和参加课外体育活动的动机和热情就会逐渐消退，这会阻碍留守儿童参加课外体育活动的兴趣和积极性④。

综上所述，农村留守儿童对体育价值重要性的认识和对体育的需要是影响其参与体育活动的主观因素，其中，运动动机对学生的体育活动和身体锻炼行为起着动力和定向作用，因此，家庭、学校、社区应当培养和激发学生正确的体育动机，使其在促进留守儿童全面发展中能够发挥重要作用。

---

① 季浏，殷恒婵，颜军. 体育心理学 ［M］. 北京：高等教育出版社，2016：66.

② 纪铭慧. 颍上县农村中学留守儿童课外体育锻炼研究 ［D］. 淮北：淮北师范大学，2015.

③ 张敏，何启安. 皖北农村留守青少年体质现状与对策研究 ［J］. 吉林体育学院学报，2011，27（1）：97–99.

④ 谢红. 农村小学留守儿童课外体育活动现状调查及对策研究 ［D］. 广州：广州体育学院，2017.

第一章
农村留守儿童社会适应理论概述

第一节　农村留守儿童内涵研究

一、农村留守儿童概念界定

当前，学术界如何界定农村留守儿童尚未统一意见。争议主要在于三方面：首先是"留守"到底是父母双方均外出务工还是父母一方外出务工即可，其次是父母外出时间的长短，最后是农村留守儿童的年龄范围。

在父母外出情况方面，2016 年《国务院关于加强农村留守儿童关爱保护工作的意见》认为留守儿童是指"父母双方外出务工或一方外出务工另一方无监护能力"的儿童，但也有很多学者认为父母一方缺席则可定义为留守儿童。例如：段成荣和杨舸认为父母双方或一方流动到其他地区，孩子留在户籍所在地不能和父母双方共同生活在一起就是留守儿童①。王世炎等则根据家庭监护人的不同，对留守儿童的概念进行了四种类型的划分：第一种是双方父母均外出务工，孩子与祖父母共同生活；第二种是父母双方外出务工，孩子由其他亲属监护；第三种是父母双方外出务工，孩子独自留守家乡；第四种是父母一方外出务工，孩子由另一方照顾②。在父母外

---

① 段成荣，杨舸. 我国农村留守儿童状况研究［J］. 人口研究，2008（3）：15 - 25.
② 王世炎，赵延城，王书延. 农村留守儿童教育问题凸现——来自河南的调查报告［J］. 调研世界，2011，24（4）：37 - 40.

出的时间上，胡枫和李善同从教育的影响角度出发认为父母外出时间在 12
个月以上就可定义为留守儿童①。而董及美和佟月华以父母外出时间 3 个月
为界限划定是否为留守儿童②。在留守儿童的年龄上，《国务院关于加强农
村留守儿童关爱保护工作的意见》判定留守儿童在 16 周岁以下即可，也有
观点与联合国《儿童权利公约》对儿的定义保持一致，认为留守儿童的
年龄应当在 18 周岁以下③。

综上所述，本研究以为留守儿童的概念可定义为父母双方外出务工或
一方外出务工，分别时间连续 3 个月以上，儿童被滞留在农村无法与父母共
同生活，且年龄为不满 16 周岁的未成年人。

二、影响农村留守儿童成长的因素

影响农村留守儿童成长的因素大体可分为：家庭、学校以及社区等方
面因素。家庭支持在促进留守儿童身心健康发展方面具有重要作用，是个
体成长过程中必不可少的环节，家庭因素主要包括：家庭关系、家庭教养
方式、家庭氛围等。学校是个体社会化、个性化的重要场所，对个体发展
具有正向作用，学校因素包括：同伴关系、师生关系和班级环境等方面。
社区是留守儿童学习、生活、居住的重要场所，对儿童的健康发展成长起
着十分重要的作用。

（一）家庭支持方面

家庭是学生的第一所学校，对孩子的性格以及生活方式的培养极为重
要。在孩子成长的过程之中，家庭是必不可少的因素。留守使得家庭结构
以及家庭教育不完整，影响留守儿童的身心和谐发展。根据刘阳所调查的
研究成果来看，一方面，留守儿童与父母联系的频率越高、看护人受教育
程度越高，家庭支持越好；另一方面，非寄宿留守儿童家庭支持优于寄宿

---

① 胡枫，李善同. 父母外出务工对农村留守儿童教育的影响——基于 5 城市农民工调查的实
证分析 [J]. 管理世界，2009，25（2）：67 - 74.
② 董及美，佟月华. 留守初中生孤独感与攻击性的关系：自尊的中介作用及性别差异 [J].
济南大学学报（社会科学版），2023，33（4）：145 - 153.
③ 彭小辉，傅宇辰，史清华. 农民工汇款对留守儿童教育的影响及其作用机制——基于 CFPS
数据的实证分析 [J]. 中国农村观察，2022，23（5）：168 - 184.

留守儿童。从心理层面来讲，学习引导和心理体验与沟通支持是家庭支持的薄弱点①。郭熙婷和宋艳认为如果留守儿童由素质较低的人群监护，儿童留守经历以及留守的时间会对留守儿童的学习成绩产生影响②。综上所述，留守儿童的学习成绩与监护人受教育程度以及父母监护力度有关，父母接受新的教育思想以及思想观念对留守儿童综合能力的提升具有重要意义。

（二）学校支持方面

留守儿童绝大多数时间都在学校进行文化知识的学习，但儿童时期是生长发育的重要时期，体育参与是保障农村留守儿童身体健康成长与情绪正常发泄的一种十分重要的方式。根据相关调查显示，体育参与能够有效地提高学生的社会适应能力和心理承受能力③。从学校环境来说，多数农村地区学校对体育锻炼不太重视，也常常忽视体育锻炼对留守儿童的身心健康的促进作用，体育课形同虚设，经常性地被其他课程所占领④。国务院《关于加强青少年体育增强青少年体质的意见》中就指出中小学没有体育课当天，学校必须组织开展60分钟的课外体育活动且上午统一安排25~30分钟的大课间体育活动⑤。可是根据相关的调查报告显示，绝大多数农村学校未达到政策要求所开设的早操课，且操类锻炼形式较为单一，绝大多数为跑步和做操两种形式。从教师方面来说，农村学校专业体育人才缺乏严重，专职体育教师少，多数代课老师无法为学生传授专业的体育健康知识与体育运动技能⑥。在教师支持方面，教师关心、鼓励留守儿童学习以及生活方面尚存不足。从学校具体表现来说，学校还面临着体育器材设备严重缺乏、"重文轻武"观念根深蒂固、体育经费投入不足等情况。

---

① 刘阳. 农村留守儿童学校适应的社会支持策略研究——以甘肃省K县为例 [D]. 牡丹江：牡丹江师范学院，2022.

② 郭熙婷，宋艳. 多源流理论视域下留守儿童受教育权问题探析 [J]. 教育理论与实践，2019，39（25）：32 – 35.

③ 盖正. 体育干预对留守儿童社会适应危机的实验研究 [D]. 湘潭：湖南科技大学，2011.

④ 张亭，习颖，廖丽琴，等. 江西省农村留守儿童体育锻炼行为参与与行为特征的调查研究 [J]. 青少年体育，2016（07）：133 – 134，44.

⑤ 国务院. 国务院关于加强青少年体育增强青少年体质的意见 [EB/OL]. （2007 – 05 – 07）[2024 – 07 – 26]. http：//www. gov. cn/gongbao/content/2007/content663655. htm.

⑥ 贺雅吟. 农村留守儿童参与课外体育活动的现实困境与改善路径研究——以湖北省孝昌县邹岗镇为例 [D]. 武汉：华中师范大学. 2020.

综上所述，尽管参加体育活动能够促进留守儿童身心健康全面发展，但是大部分农村学校缺乏对体育正向作用的正确认知，缺乏对于体育物质方面投入以及体育精神方面的培养。学校体育参与的缺失难以让学生得到身心健康的全面发展。

（三）社区支持方面

现代农村留守儿童面临着农村体育文化缺失、体育器材设备匮乏、专业体育人才匮乏等问题①。这些问题出现主要有以下两方面原因：一是农村社区体育离不开政府的支持与帮助，二是社区支持的对象相对于家庭支持与学校支持来说不是特别明显。朱娜曾对留守儿童现状进行过相关分析，研究发现日常生活中有体育行为的留守儿童仅占留守儿童总人数的15.6%，留守儿童居住的社区基础设施陈旧、器材破损、场地资源匮乏②。一般来说，农村社区在留守儿童所在运动中心提供了一定的基础体育设施，也开设了相应的心理教育、安全教育、文化教育以及安全知识演讲等活动。岳宇在一项调查中表明社区支持对改善留守儿童社区不适应现象具有良好的作用，社区活动对促进社会交流以及文化交流有良好的作用③。综上所述，大多数农村社区会拥有一定数量的体育基础设备，也会开设相应的教育课程以及知识讲座，这样会在一定程度会丰富留守儿童的课余文化生活，也会促进留守儿童的身心健康发展。但是其中也存在着体育设施老旧以及设备不够齐全等问题。

---

① 蔡猛，尹志华，汪晓赞. 农村留守儿童参与体育锻炼的制约因素及其对策研究［J］. 体育研究与教育，2014，29（S2）：1-4，19.

② 朱娜，黄天阳. 农村留守儿童体育健身活动植入与陪伴模式的构建［J］. 沈阳体育学院学报，2017，36（4）：92-97，127.

③ 岳宇. 社会工作介入易地扶贫搬迁社区儿童的社会适应问题研究［D］. 昆明：云南财经大学，2022.

第二节　社会适应内涵研究

一、社会适应概念界定

"适应"这个概念最早出现于生物学中，达尔文在《进化论》中提出"物竞天择，适者生存"命题，而后"适应"被划分为适应外在的环境、适应人类的生物社会性、适应集体生活情境三类①。在心理学的研究范畴中，"适应"一词能综合反映一个人心理特征，是个人心理在社会环境和群体组织等不断变化过程中，为了保证自身生存、发展而不断调整的能力②。朱智贤在《心理学大辞典》中，以生物学角度提出"适应"是指个人为了提高自己的生存概率，改变自己的生理和行为，以更好地适应环境，采取适宜性的改变，做出恰当的应对反应③。

多数学者对"社会适应"一词都有着自己独特的见解。王建平等认为"社会适应"是人们在与环境适应的过程之中，通过自我调控或改变环境，吸收社会的规则与经验，达成与环境的协调、平衡状态，最终使个体的心理与行为表现与社会预期保持一致的复杂发展过程④。邹泓等认为"社会适应"是指个体在与社会环境相互作用的过程中，为顺应环境主动地调控自我，从而达到个体与社会环境的和谐平衡，综合反映了个体在社会生活中心理、社会协调的状态⑤。霍方认为社会适应是个人应该根据社会的要求来改变自身的行为习惯以及态度习惯，以达到符合社会标准的能力，包括心

---

① 黄迪. 汉中市初中生体育行为与社会适应能力关系研究 [D]. 汉中：陕西理工大学，2020.

② 杨彦平. 社会适应心理学 [M]. 上海：上海社会科学院出版社，2010：5.

③ 朱智贤. 心理学大辞典 [M]. 北京：北京师范大学出版社，1989.

④ 王建平，李董平，张卫. 家庭经济困难与青少年社会适应的关系：应对效能的补偿、中介和调节效应 [J]. 北京师范大学学报（社会科学版），2010，55（4）：22-32.

⑤ 邹泓，余益兵，周晖，等. 中学生社会适应状况评估的理论模型建构与验证 [J]. 北京师范大学学报（社会科学版），2012，57（1）：65-72.

理调节能力、理解能力、应变能力，独立处理事务的能力等①。陈建文和黄希庭认为社会适应是在面对不同的环境时自身能够不断适应环境、主动接受和调节环境的过程②。在实现社会角色能力的方面，Doll 认为社会适应是指人类有机体保持其自身的独立性和承担社会责任的机能③。Paris 和 White 认为社会适应是指个人要努力发挥一名社会成员应该发挥的作用，扮演好属于自身的社会角色，不断适应和胜任新的工作④。朱智贤认为社会适应是个体在社会生存的过程之中能够接受现存的生活方式、道德准则和行为规范的过程⑤。

综上所述，社会适应可以定义为个体在与他人和环境相互作用的过程中，通过自我调控或改变环境，吸纳社会规范与价值观念，保持自身的独立性，承担相应的社会责任，并且在心理、生理和行为上不断适应环境、主动接受和调节环境的过程。

二、社会适应能力的表现

虽然学术界对社会适应研究较多，但不同学者对社会适应有着不同的定义和衡量指标，例如：贾林斌认为社会适应能力可以分为学习适应、自我意识、社会交往适应、家庭环境适应、校内人际关系和挫折耐受力六个维度⑥。杨彦平和金瑜认为社会适应主要集中在人际适应、社会认知适应、社会角色适应等具体领域⑦。许钰将社会适应能力分为学习适应能力、人际交往适应能力、环境适应能力、角色适应能力、职业选择能力和生活自理

---

① 霍方. 学校体育促进大学生社会适应能力发展研究 [J]. 河南师范大学学报（自然科学版），2005，46（3）：180－182.
② 陈建文，黄希庭. 公众的社会适应观初步调查研究 [J]. 心理科学，2001，38（1）：96－97.
③ LUCKASSON R, BORTHWICK-DUFFY S, BUNTINX W H E, et al. Mental retardation: Definition, classification, and systems of supports [M]. Washington: American Association on Mental Retardation, 2002：3－10.
④ PARIS W, WHITE-WILLIAMS C. Social adaptation after cardiothoracic transplantation: A review of the literature [J]. Journal of cardiovascular nursing, 2005, 20（5S）：S67－S73.
⑤ 朱智贤. 心理学大辞典 [M]. 北京：北京师范大学出版社，1989.
⑥ 贾林斌. 中学生社会适应量表的编制及其初步应用 [D]. 济南：山东大学，2008.
⑦ 杨彦平，金瑜. 社会适应性研究评述 [J]. 心理科学，2006（5）：1171－1173.

适应能力①。Doll 将社会适应能力分为自理能力、自我反省能力、社会交往的能力等②。总结以上经验，不同学者对社会适应的内容归纳并未形成统一，但对社会适应的内容划分趋于一致，大体可以分为学习能力、人际交往能力、环境适应能力和挫折承受能力。

（一）学习能力

学习能力是指个体获取、理解、处理和应用新知识和技能的综合能力。它涵盖了多种认知功能，包括观察力、注意力、记忆力、思维能力、理解能力、创造力和解决问题的能力③。观察力在学习过程中起着关键作用，能够帮助个体准确感知和识别周围环境中的重要信息，为后续的学习提供基础。注意力则确保个体能够集中精力于当前的学习任务，提高学习效率。记忆力是信息存储和提取的过程，使得学习者能够长期保留和回忆知识，为理解和应用打下坚实基础。思维能力包括逻辑思维、抽象思维和批判性思维，使个体能够系统地分析问题和提出解决方案。理解能力则帮助个体将新知识与已有知识进行关联，形成系统的知识结构，并能在实际情境中灵活应用。创造力是学习能力的重要组成部分，使个体能够从不同角度思考问题，提出新颖的观点和解决方案，推动知识和技术的创新。解决问题的能力是学习能力的最终体现，表现在个体能够灵活运用所学知识和技能，面对复杂多变的情境，迅速找到有效的解决方案。学习能力的提升需要系统的培养和训练，通过不断实践和反思，个体可以逐步提高自身的学习效果和发展潜力。有效的学习能力能够促进个人的全面发展，不仅在生活和学习中取得成功，还能积极面对各种挑战。因此，学习能力不仅决定了一个人接受新信息的速度和效率，还影响其在各种环境和情境中的适应和发展。重视和培养学习能力对于个人和社会的发展都具有重要意义。

---

① 许钰. 高校学生体育社团对大学生社会适应能力影响的研究——以杭州市为例 [D]. 杭州：杭州师范大学，2021.

② LUCKASSON R, BORTHWICK-DUFFY S, BUNTINX W H E, et al. Mental retardation: Definition, classification, and systems of supports [M]. Washington：American Association on Mental Retardation，2002：3 - 10.

③ 曹水群，张添. 论群众文化能力的培塑 [J]. 西藏民族大学学报（哲学社会科学版），2024，45（3）：10 - 15，153.

（二）人际交往能力

人际交往能力是指在人际交往过程中，个体具有交往的意愿，积极主动参与社交活动，能够表现出合适且有效的交往行为的能力①。它涵盖了多种社交功能，包括沟通能力、情绪管理、同理心、合作能力、冲突解决能力和社交敏感性。人际交往能力强的个体能够迅速理解他人的观点和情感，灵活应用各种社交策略来建立和维护良好的人际关系，并在复杂多变的社交情境中表现出色。这种能力不仅包括基本的社交技巧，还涉及对社会线索的敏锐察觉和创新性社交策略的运用。例如，一个高效的领导者不仅需要具备清晰的沟通能力，还需要在团队内部管理情绪，展示同理心，处理冲突，并能够根据不同的情境调整自己的社交策略，以激励团队成员并达成共同目标。人际交往能力的提升需要系统的培养和训练，通过不断实践和反思，个体可以逐步提高自身的社交效果和发展潜力。学校和家庭在这一过程中扮演着关键角色，通过提供丰富的社交机会和指导，帮助个体逐步掌握和应用这些技能。因此，人际交往能力决定了一个人理解和处理社交信息的速度和效率，影响其在各种社交情境中的适应和发展。重视和培养人际交往能力对于个人和社会的发展都具有重要意义。

（三）环境适应能力

环境适应能力是指个体对环境适应时所呈现的个性特征，表现在个体能够根据社会环境的变化及时反应作出应变调整的能力②。环境适应能力包括对新环境的快速理解和接受，对环境中各种因素的敏锐感知，以及灵活调整自身行为和思维方式以适应新环境的能力。环境适应能力强的个体不仅能够在面对突如其来的变化时保持冷静，迅速找出解决问题的方法，还能够在工作中迅速进入角色，积极推动团队的创新和发展，从而在不同环境中表现出色并取得成功。环境适应能力在现代社会中尤为重要，因为社会环境日益复杂多变，技术进步和全球化进程不断加快，个人和组织都需要具备强大的环境适应能力，以应对各种挑战和机遇。例如，职场中的员

---

① 孙月，陶唯唯，马宗硕，等. 羞怯与大学生宿舍归属感的关系：人际交往能力、偏执和信任的中介作用 [J]. 中国特殊教育，2020，27（6）：75-81.

② 林淑. 高职院校大学生就业能力问题与对策研究 [D]. 咸阳：西北农林科技大学，2023.

工需要不断适应新的工作任务、团队结构和技术工具，而企业则需要应对市场变化、竞争压力和政策调整。培养和提升环境适应能力需要系统的教育和实践，教育系统应注重培养学生的批判性思维、创新能力和情绪管理技能，通过丰富的实践活动和社会体验，增强他们的环境适应能力。同时，家庭和社会也应提供支持和资源，鼓励个体积极面对变化，培养他们的适应能力和自信心。因此，环境适应能力是现代社会中个人和组织生存和发展的关键能力。它不仅决定了个体在不同环境中的表现和成功，还影响到组织的创新和竞争力。

（四）挫折承受能力

挫折承受能力是指个体在遭遇挫折时，拥有应对不良心理和行为的能力，也就是适应挫折、抵抗挫折和化解挫折的能力①。挫折承受能力在面对挑战和困境时显得尤为重要，它不仅关乎个人的心理适应和应对策略，还涉及个人的成长、社会互动及长期发展。挫折承受能力的核心是个体在面对挫折时能够维持心理稳定。具备较强挫折承受能力的人通常能够较好地管理负面情绪，如焦虑、沮丧和愤怒。他们能够通过有效的情绪调节技巧，如深呼吸、正念冥想等，减少负面情绪的影响，从而保持心理平衡。高挫折承受能力的人，往往挫折反应小，挫折时间短，挫折所产生的消极影响少；而低挫折承受能力的人，则容易在挫折面前不知所措，挫折所产生的不良影响大而易受伤害，甚至导致心理和行为上的失常。挫折承受能力与个人的成长密切相关。在挫折面前，个体能够以积极的态度面对困难，从中汲取教训和经验，提升自我认知和技能。这种经历常常促使个体在解决问题的过程中变得更加成熟和自信，从而促进个人的发展和自我完善。

三、影响社会适应能力的因素

胡韬和郭成将影响少年儿童社会适应的因素按照项目内容归结为：学校因素、家庭因素和个人因素。学校因素主要包括老师的理解与帮助、同学的鼓励与支持；家庭因素主要包括家庭氛围、父母的教养方式和关爱程

---

① 张炳兰. 论网络时代大学生社会适应能力的提升 [J]. 河南师范大学学报（哲学社会科学版），2013，40（6）：185 – 188.

度等；个人因素主要包括自身的理想、气质、性格和人际交往能力等①。时勘和仲理峰认为青少年社会适应能力的影响因素主要包括学校教育、家庭教育和社会影响三个方面②。刘文婧等认为父母教养方式是社会适应的重要影响因素③。综上，影响社会适应能力的因素主要可以从学校因素，家庭因素、个人因素以及社会因素等方面阐述。

（一）学校因素

傅强等认为学生在校园体育文化的熏陶下可促进其自我和谐，从而使得学生的社会适应能力得以提高④。李树旺也认为体育在促进大学生学校适应能力方面具有重要作用，校园体育文化、体育的群体环境以及体育中的互动均是影响体育对大学生社会适应能力发挥作用的重要机制⑤。在对大学生社会适应能力进行探究时发现，学校根据学生的社会适应能力开设相应课程，学生会在专业课程学习中不断提高自身社会适应能力。青少年进入学校后，学校对他们的社会适应是有目的、有计划进行的，目的是将受教育者培养成社会所需要的人才⑥。陈英敏等认为良好的师生关系和高质量的友谊能促进良好的学校适应⑦。

张淑艳基于拓展教育模式指出体育健康教学能够提高学生的心理健康水平以及社会适应能力，以及通过体育运动来缓解自身的学习压力以及提高自我认知能力，在一定程度上能够提高自身的人际关系⑧。在家庭方面，

---

① 胡韬，郭成. 流动少年儿童社会适应与其影响因素的结构模型 [J]. 西南大学学报（社会科学版），2013，39（1）：83-87，174-175.

② 时勘，仲理峰. 青少年学生社会适应能力的自我培养 [J]. 中国青年政治学院学报，2001，20（6）：28-31.

③ 刘文婧，许志星，邹泓. 父母教养方式对青少年社会适应的影响：人格类型的调节作用 [J]. 心理发展与教育，2012，28（6）：625-633.

④ 傅强，金林群. 校园体育文化提高高职学生社会适应能力的内在机制 [J]. 体育学刊，2014，21（1）：73-76.

⑤ 李树旺. 体育与大学生"社会适应能力"的实证研究 [J]. 体育与科学，2009，30（6）：71-76.

⑥ 顾晓雪. 体育与健康研究性学习对中学生社会适应能力的影响 [D]. 上海：华东师范大学，2006.

⑦ 陈英敏，肖胜，李迎丽，等. 羞怯和初中生学校适应的关系：有中介的调节模型 [J]. 中国临床心理学杂志，2019，27（4）：790-794，799.

⑧ 张淑艳. 基于拓展教育模式的体育与健康教学对初中生心理健康与社会适应能力影响的实验研究 [D]. 上海：华东师范大学，2019.

还能够促进家庭的适应维度以及和谐气氛。吴伟峰则指出，定向越野这项户外运动能够提升运动者的心理素质以及社会适应能力，女生在不同维度上进步要大于男生①。付聪和付雯认为采取不同形式内容的体育游戏，能够有效帮助中学生积极接受自我的思想，提高抗挫折能力，改善人际关系②。

综上所述，学校教育能够在一定程度上提高人体的社会适应能力，这个微系统下开展的校园文化活动和体育活动都能够影响留守儿童的社会适应能力，促进留守儿童的身心健康发展，以及提高自我认知能力。学校根据学生的社会适应能力开设相关课程也能够使学生在课程学习过程中提高自身社会适应能力。

（二）家庭因素

家庭是影响儿童行为外环境中最基础、最重要的组成部分，也是影响儿童行为发展的首要因素之一，杨阳等对家庭主、客观环境进行分析得出，家庭经济地位是儿童社会适应能力的重要影响因素，家庭经济情况会制约个体自我调节能力、生活环境适应能力以及学习能力等方面的发展③。基于生态系统理论下，对青少年发展影响最大的微系统是家庭，家庭成员之间的亲密度、互动等情况与儿童青少年的社会适应紧密相关。王薇薇等认为父母文化素质水平以及隔辈养育的抚养方式会影响青少年的社会适应发展水平，由于父母文化水平低，在日常生活中要面临各种不确定压力，导致其对孩子教育关注不到位，不良的父母教养方式由此产生；隔代抚养会影响儿童青少年的自理能力，并且祖父母与父母教育观念不一致，家庭教育观念不一致，使得青少年儿童缺乏积极的社会支持④。

张兴月认为家庭结构完整是儿童健康成长的前提，在儿童成长的过程

---

① 吴伟峰. 定向运动对城市中学生社会适应能力的影响研究 ［D］. 济南：山东体育学院，2018.

② 付聪，付雯. 以体育游戏培养中学生社会适应能力探析 ［J］. 新西部（理论版），2012，13（Z5）：165－166.

③ 杨阳，张建新，陈杨. 家庭主客观因素对儿童社会适应能力发展影响的研究 ［J］. 中国校医，2018，32（1）：6－8，11.

④ 王薇薇，刘文，王依宁. 儿童青少年社会适应的发展特点与影响因素及其促进 ［J］. 学前教育研究，2021，35（12）：36－47.

中，家庭是主要的生活场所，也是孩子成长的核心环境①。亲子关系紧密是
儿童健康成长的基础；父母亲为孩子提供稳定和安全的生长环境，保护儿
童的身心健康成长，与孩子之间的情感交流也是促进儿童之间交往和心理
健康发展的重要前提。郜苗等研究发现，家庭经济收入越高的家庭会更加
支持儿童参与体育类的相关活动②。董宏伟的研究也得出相同结论，家庭经
济收入对青少年身体活动具有显著性影响③。王富百慧指出家庭阶层对儿童
的身体活动是有影响的，家庭阶层越高，父母通过不同的教养方式对儿童
身体活动的作用越强，儿童达到身体活动推荐量的可能性越大④。

综上所述，家庭在儿童社会化过程中发挥着不可比拟的作用，家庭功
能是个体社会化的重要因素，在整体方面，儿童的家庭情况越好、父母陪
伴的时间越多以及关爱程度高等多方面，对留守儿童的社会适应能力和体
育发展能力都有积极的影响。

（三）个人因素

首先，社会适应的本质是人格适应，人格特质的形成受环境因素影响，
从而形成多样的人格，同时，环境因素也受到人格特质的影响，进而影响
个体的适应与发展。个体自我意识是影响其适应能力的重要因素。皮亚杰
的认知发展理论指出：个体心理发展过程中最主要的适应是主体通过调节
自身实现对客体的适应。在个体发展过程中，其心理发展也在不断地变化，
个体心理学从平衡状态向更高级的状态发展，不断提高个体的社会适应能
力。聂衍刚认为青少年的个性观念与社会适应存在显著的相关性，此外，
个体的人际交往习惯也会影响其社会适应能力⑤。张文静等指出良好的人际
交往能力不仅对提升个体社会适应能力有正向作用，还能降低焦虑、抑郁

① 张兴月. 父母外出对留守儿童健康的影响 [D]. 成都：西南财经大学，2019.
② 郜苗，王丽娟，陈世瑶，等. 上海市青少年休闲体力活动调查分析——基于加速度器测量 [J]. 福建体育科技，2014，33（6）：7－10.
③ 董宏伟. 家庭社会资本对青少年体育锻炼意识与行为的影响及反思 [J]. 沈阳体育学院学报，2010，29（2）：33－37.
④ 王富百慧. 家庭资本与教养方式：青少年身体活动的家庭阶层差异 [J]. 体育科学，2019，39（3）：48－57.
⑤ 聂衍刚. 青少年社会适应行为及影响因素的研究 [D]. 广州：华南师范大学，2005.

等负面情绪①。张和云在高中生社会适应能力的调查中发现，时间管理能力强、主观幸福感强、学业满意感高的个体社会适应能力比其他人强②。

其次，性别和年龄也是影响社会适应的个人因素。在性别方面，人在三岁开始产生性别意识，但是造成的性格以及行为模式是极不相同的。在中国文化背景下，受到传统观念与文化影响，男孩与女孩的家庭教育形式与方法存在群体差异性。多数实证研究发现女孩的同伴交往能力显著高于男生，男孩和女孩在与同伴互动中会表现出不同类型的攻击行为③。从心理健康以及社会适应上来看，女孩对于父母的依赖以及需求是远远高于男孩的④，而男孩比女孩更容易在情感冲突中做出反应，因此情绪波动会更大。此外，男女生之间还存在生理上的差异，中国青少年研究中心曾通过调查发现，0～18 岁的男孩在学业、心理以及体能和社会适应能力等方面落后于同年龄女孩，并将这种现象命名为"男孩危机"⑤。在年龄方面，随着年龄的增长，儿童自我意识和独立人格的转变，会导致儿童渴望独自进入社会，减少对家庭的依赖⑥。同时，不同年龄阶段的儿童所面临的社会环境也有所区别，教育教学活动对儿童能力基础的要求以及能力培育的侧重点也有较大差异，因而，不同年龄阶段儿童的社会适应能力具有鲜明的阶段特征。总体来说，个体在社会适应初期的时候个人因素不会显现出来，但是随着年龄的增长，社会适应能力的个人因素会随着性别不同而产生较为明显的变化。

综上所述，影响青少年儿童社会适应的个人因素主要包括性别、年龄，

---

① 张文静，张增智，马希鹏，等. 中学生社会适应和心理健康状况调查分析 [J]. 中国卫生事业管理，2009，26（4）：270 - 271，286.

② 张和云. 高中生自我同一性、社会支持与主观幸福感的关系研究 [D]. 福州：福建师范大学，2011.

③ ASIK-OZTURK M，AHMETOGLU E，ACAR I H. The contributions of children's social competence，aggression，and anxiety to their play behaviours with peers [J]. Early child development and care，2021，191（2）：255 - 265.

④ 张兴月. 父母外出对留守儿童健康的影响——基于四川省 J 县留守儿童的考察 [D]. 成都：西南财经大学，2019.

⑤ 林崇德. 发展心理学 [M]. 杭州：浙江教育出版社，2008.

⑥ 袭开国. 农村留守儿童焦虑现状及其个体差异 [J]. 中国健康心理学杂志，2008，16（4）：466 - 468.

社会适应初期受个人因素影响较少，但随着年龄的增长，社会适应能力中的个人因素会随性别不同而产生明显变化。

（四）社会因素

社会因素是影响儿童社会适应的主要因素之一。社会因素是指人口所生活在的社会环境和社会制度对人口的影响，包括经济、科学、卫生、社会和教育等各个领域的社会发展水平，以及文化等因素。具体而言，其一，经济因素在社会因素中起决定性因素①。经济状况直接影响家庭的生活水平和资源获取能力，进而影响儿童的营养、健康、教育和生活质量。贫困家庭的儿童往往面临更多的社会适应挑战，他们可能缺乏必要的学习资源和机会，心理压力较大，从而影响他们的社交技能和心理发展。其二，社会教育水平对儿童的社会适应能力也有重要影响②。教育体系和教育资源的均衡分配能够提供公平的教育机会，促进儿童的全面发展。高质量的教育不仅传授知识，还培养儿童的社交能力和心理素质，使他们更好地适应社会生活。其三，文化因素也在儿童社会适应中起着潜移默化的作用。不同文化背景下的家庭教育方式、价值观和社会规范各不相同，这些因素会影响儿童的行为方式和社交模式③。例如，一些文化注重集体主义，强调团队合作和社会责任感，而另一些文化则强调个人主义，重视独立和自我表达。这些文化差异会在儿童的社会适应过程中体现出来，影响他们的社会交往和人际关系。其四，卫生条件也是影响儿童社会适应的关键因素。良好的卫生环境能够保证儿童的身体健康，减少疾病的发生，从而让他们有更多的精力投入学习和社交活动中。相反，卫生条件差的环境可能导致儿童频繁生病，影响他们的身体发育和社会互动。

综上所述，社会因素通过经济、教育、卫生、文化和传统等多方面对儿童的社会适应产生深远影响。理解和重视这些因素，对于促进儿童的健康成长和社会适应具有重要意义。

---

① 韩一嘉，侯凤英. 我国人口负增长表现、根源、负值效应、应对 [J]. 哈尔滨师范大学社会科学学报，2024，15（4）：53 – 58.

② 王慧. 协同育人视角下学校教育的边界意识 [J]. 教学与管理，2022，39（12）：37 – 41.

③ 赵宝宝，金灿灿，邹泓. 青少年亲子关系、消极社会适应和网络成瘾的关系：一个有中介的调节作用 [J]. 心理发展与教育，2018，34（3）：353 – 360.

（五）小结

农村留守儿童作为社会中的一个特殊群体，由于长期缺乏父母的关爱，在情感和心理等方面受到很大的影响，他们可能会面临与同龄人交往不易、学习困难、人际关系、自我价值感缺失等问题，继而导致其社会适应能力与非留守儿童相比较弱。上述理论为社会适应发展提供了支撑，除上述理论外，本文还认为以下理论在研究社会适应方面也具有重要意义。如：人的本质与人的全面发展理论认为，完整意义上的人既具有自然属性也具有社会属性，社会适应能力是人能够顺利进入社会，并完成社会化所具备的能力，从而成为全面发展的人；马斯洛的需求层次理论认为，人的某一层次需求得到满足后，新的需求层次才会出现，留守儿童进行社会化的过程，就是需求不断得到满足的过程，当情感和归属需求得到满足后，它们将成为留守儿童社会适应的驱动力，逐步引导留守儿童融入社会中；埃里克森的阶段人格发展理论指出个体发展分为八个阶段，每个阶段都有其与之相对应的危机，危机解决后，个体的人格也就得到了发展，能够表现出良好的社会适应。

第三节　体育参与内涵研究

一、体育参与概念界定

关于"体育"一词，可将其划分为"体"和"育"两字。"体"是指人、动物的全身；"育"是指育龄、节育、培育、哺育等。《现代汉语词典》（第七版）对"体育"的解释是发展体力、增强体质为主要任务的教育，通过参加各项运动来实现。体育作为文化活动的重要组成部分，有广义和狭义之分。狭义的体育是指身体教育活动，与德育、智育、美育和劳动教育共同组成"五育"。广义的体育也称体育运动，包括身体教育、竞技运动和身体锻炼三个方面①。卢元镇认为体育是一种社会活动，是以身体活动作为

---

① 周齐. 浅析体育教学中体育游戏的运用 [J]. 才智，2012（18）：285–286.

主要手段，通过体育锻炼、休闲娱乐等方法增强体质、增进健康以及丰富社会文化生活的一种体育行为①。

"参与"有着介入、参加的意思。这一词最初出现在组织行为学中，它是指人们在参与活动时的一项外显行为，给予参与者在认知、情绪和行为上的可能性，以此加强参与者在活动中的体验感。在体育领域中，李龙洙和秋鸣将参与度定义为体育活动时长、频率、年限②。赵楠认为"参与"是指个体在群体活动中是否存在外显举动。但随着人们对心理活动的重视，现如今的研究更加强调个体在群体中的认知、情感、行为等方面的投入。

体育参与作为人类社会方式的一部分，学术界通常用以下两种方式进行分析。一种是自上而下，通过整理相关文献和研究方法进行逻辑整理以及理论解读。另一种是自下而上，进行个案实证研究。纵观已有研究，"体育参与"这一名词暂时还没有确切的界定。多数学者将"体育参与"理解为人们自主地参与体育活动或者体育锻炼。将体育参与的结构要素划分为重要性、愉悦价值、符号价值、风险概率以及风险后果这五个部分。Kenyon认为体育参与主要分为以下四个方面：体育认知层次、情感倾向层次、直接参与层次以及间接参与层次③。Westbrook 和 Oliver 认为体育参与可以视为"认知—情感—行为"三阶段构成的过程④。Fredricks 等将体育参与分为情感参与、认知参与以及行为参与三个方面⑤。赵楠从体育认知、体育情感以及体育行为三个层面对体育参与进行基本的要素界定⑥。卢元镇认为体育参与可分为直接体育参与和间接体育参与，前者指人们亲身参与体育活动，后者指对体育运动和体育赛事有一定程度的热爱和兴趣，但只以观众、消

---

① 卢元镇. 社会体育导论 [M]. 第 2 版. 北京：高等教育出版社，2011：58–68.

② 李龙洙，秋鸣. 长江三角洲地区大众的体育活动参与度对体育价值观的影响 [J]. 武汉体育学院学报，2008（1）：58–61.

③ KENYON G S. Sport involvement：A conceptual go and some consequences thereof, in aspects of contemporary sport sociology [M]. Chicago：The Athletic Institute，1969.

④ WESTBROOK R A, OLIVER R L. The dimensionality of consumption emotion patterns and consumer satisfaction [J]. Journal of consumer research，1991，18（6）：84–91.

⑤ FREDRICKS J A, BLUMENFELD P C, PARIS A H. School engagement：Potential of the concept, state of the evidence [J]. Review of educational research，2004（1）：59–109.

⑥ 赵楠. 农村留守儿童体育参与现状调查及对策研究——以聊城市东昌府区为例 [D]. 烟台：鲁东大学，2017.

费者、体育管理者等身份参与其中①。刘俊千认为体育参与不仅是指在学校参加体育课和进行课后体育锻炼，也指参加课外体育活动②。汪斌对体育参与进行了更为具体化的描述，采用次数、时长、强度、项目数量、兴趣和频率等来衡量个人体育活动参与程度，并将频数、时长和强度这三个指标视为最为重要的三个要素③。在体育认知的影响因素方面，刘海燕和于秀认为学生对于体育的认知与学生自身投入的心理能量和身体能量投入的比重有关，学生投入的越多，学习效果越好，对体育的认知也就越多④。Stalsberg 和 Pedersen 认为学生家庭的经济状况和收入会影响一个学生对体育的认知情况⑤。在体育情感层面，张烨认为体育参与反映了人们的体育参与程度以及对体育的好恶程度，是在特定场合之下被他人影响的结果⑥。Lee Seung-Man 等认为健康感知对体育参与有积极影响，而体育参与对健康行为有促进作用，能为参与者提供享受乐趣、自我表达、社会认同等多样化的价值内涵⑦。

综上所述，本研究认为体育参与是人们以锻炼身体、加强社交、心态愉悦等为目的，运用科学的体育方法或手段，通过直接参加竞技体育活动、体育教学以及日常的锻炼活动或者间接通过观看体育赛事等来增强体质、丰富文化生活、促进精神文明建设的一种体育行为。

---

① 卢元镇. 体育社会学 [M]. 北京：高等教育出版社，2018.

② 刘俊千. 四川省高校研究生体育参与调查与分析 [D]. 成都：四川大学，2006.

③ 汪斌. 社区青少年体育活动参与度实证研究——以南充市为例 [J]. 四川体育科学，2016，35（5）：104 – 110.

④ 刘海燕，于秀. 关于运动参与概念的研究 [J]. 沈阳体育学院学报，2005，24（1）：79 – 80.

⑤ STALSBERG R，PEDERSEN A V. Effects of socioeconomic status on the physical activity in adolescents：A systematic review of the evidence [J]. Scandinavian journal of medicine & science in sports，2010，20（3）：368 – 383.

⑥ 张烨. 体育游戏促进隔代抚养幼儿体育参与行为的实验研究 [D]. 大连：辽宁师范大学，2014.

⑦ LEE S-M，JEONG H-C，SO W-Y，et al. Mediating effect of sports participation on the relationship between health perceptions and health promoting behavior in adolescents [J]. International journal of environmental research and public health，2020，17（18）：6744.

二、体育参与功能研究

大部分研究从体育行为、体育生活、体育锻炼等视角出发，利用多种研究方法对体育参与内涵进行研究，主要体现在以下几个方面：体育参与的动力、动机；父母、家庭、社会对于体育参与的影响以及体育参与的过程性和可持续性发展；体育参与对体育教学、健康促进、健康认知的中介效应；体育参与对公平意识的培养等等。体育参与遵循体育行为目的性和规律性的统一，充分发挥人的主观能动性，以此促进身心健康发展以及提升人的幸福感。

张帆认为体育参与不仅能够促进人际交往，使人与人之间互相包容，而且还可以形成一种感情机制，让人与人之间互相信任与认同[①]。即体育参与程度越高，人的孤独感就越低，人的心理也会更加健康。在身体健康方面，孙露晗认为体育参与能够提升个体生命质量，参加各类的体育运动，对个体生命质量具有显著影响[②]。综上所述，体育参与对个体的影响是多方面的，不仅可以增强身体素质，同时也可以提高个体心理健康程度以及抵抗孤独感的能力。具体体现在以下三个方面。

（一）社会行为方面

体育参与对社会行为的影响是多方面的。一方面，体育参与可以增强社会交往能力。无论是团队运动还是集体训练，个体都可以与他人建立联系。通过共同参与体育活动，个体能够学习如何与他人合作、沟通和解决冲突，从而提高社会交往能力。另一方面，体育参与可以促进心理健康。个体在参与体育活动中，可通过克服各类困难和挑战锻炼意志品质而增强自我效能感、心理素质等，如身体在运动后产生的疲劳感，对有难度身体动作产生的恐惧感及成功与失败后产生的成就感与失落感等。研究显示，体育锻炼与领悟社会支持、社交焦虑呈正相关，体育锻炼对缓解社会焦虑

---

① 张帆，仇军，李阳. 以体育参与促进社会融合：价值、机制与路径 [J]. 福建体育科技，2023，42（2）：6–11.

② 孙露晗. 体育参与对学生生命质量的影响研究——以天津市部分高中生为例 [D]. 天津：天津体育学院，2022.

有重要的调节及中介作用①，对促进人们心理健康也有着十分重要的作用。在生活的层次上，可以增加生活乐趣，消除个人自卑情绪。再者，通过体育参与能够提高个人的意志品质以及抗压能力。团体性的体育运动还能增强个体融入团体的意识以及氛围。最后，体育参与还可以丰富个体内心②。综上，体育参与对社会行为影响是多层次的，对个体社会交往、心理健康等方面具有积极影响。

（二）生活方式方面

参与体育活动有助于培养健康的生活习惯，如规律作息、良好饮食等。健康的生活习惯有助于个体的身心健康，并且会影响到社会行为。例如，健康的生活方式能够减少社会问题，如吸毒、酗酒等不良行为的发生。我国居民健康生活方式与体育锻炼、健康状态、主观幸福感两两间均存在显著相关，体育锻炼和健康状态在健康生活方式与主观幸福感之间发挥中介作用。学生进行体育锻炼不仅能够树立正确的体育意识还能养成良好的生活习惯，对学生的个人习惯以及学习生涯产生终身影响。体育参与对个人的心理资本以及亲社会行为也有着十分显著的促进作用③。通过培养个人的体育意识以及体育习惯，能够促进生活方式的改变，个人健康水平以及交往能力也能够更好地进入最佳状态。

（三）社会融入方面

体育作为一种面对面，简单且直接的活动有利于促进人与人之间的交流，减少人与人之间的隔阂与障碍。科学合理地分配课外体育活动能够促进留守儿童的社会融入④。农村留守儿童在体育活动中能交到更多的朋友，也能够在体育活动中促进自身与朋友的友情。通过体育运动，也能够加强自身对外在学习环境的满意度以及心理压力的释放。从而更好地融入所处

---

① 贾乃佳.体育锻炼对陕西农村留守儿童社交焦虑影响及领悟社会支持的中介和调节作用[J].职业与健康，2021，37（1）：63-66，70.

② 崔海晗，潘书波.体育锻炼对留守儿童心理健康发展的促进作用[J].长春教育学院学报，2013，29（24）：79-80.

③ 陆雨.体育参与对大学生亲社会行为的影响——心理资本的中介作用[D].上海：上海体育学院，2021.

④ 蒋璐.课外体育活动参与对流动儿童社会融入的影响研究——以长沙市城区流动儿童为例[D].湘潭：湖南科技大学，2019.

的现实生存环境之中①。

综上所述，体育对个体的影响是多方面的，在社会行为、生活方式以及社会融入等方面具有积极的正向作用。在社会行为方面，体育对缓解个体消极情绪，提升个体意志品质以及抗压能力具有重要作用；在生活方式方面，良好的体育习惯能够促进个人生活方式的改变，个人的健康水平以及交往能力也能够进入最佳状态；在社会融入方面，体育能够促进人际交往、加强自身对外在学习环境的满意度。

三、影响体育参与因素研究

Dishman 等在生态学的基础上将体育参与的因素划分为个体因素、环境因素和锻炼特征三个大类的属性②。通过对大学生的体育情况调研发现，兴趣爱好、项目价值、参与、满足感、个体发展、体育项目认知已经成为大学生进行体育参与的主要因素。通过对前面学者的经验进行归纳与总结，影响体育参与的因素主要有以下几方面：家庭因素、性别因素、学校体育等因素。

（一）家庭因素

首先，随着家庭经济状况的改善，家庭对体育器械的需求也随之增加；其次，家庭经济状况愈好的学生，其参加体育活动的类型愈加多元化。在家庭文化方面，父母受教育程度与家庭体育氛围之间存在显著的正相关关系。家庭社会资本指的是家庭成员之间以及家庭成员与家庭外部相关者之间建立的一种互动关系，它属于以对子女的教育为目标而形成的双方或多方之间的规范、责任与信任③。其中家庭社会资本与体育投入的相关性要高于家庭经济资本与家庭体育氛围的相关性④。

（二）性别因素

青少年群体因为受社会角色期望、家庭、教育、社会思想意识以及国

① 王鹏．课外体育活动对农村留守初中生主观幸福感影响的研究——以南阳市某乡镇中学为例 ［D］．西安：西安体育学院，2019．

② DISHMAN R K, SALLIS J F, ORENSTEIN D R. The determinants of physical activity and exercise ［J］. Public health reports, 1985, 100 (2): 158.

③ COLEMAN J S. Social capital in the creation of human capital ［J］. American journal of sociology, 1988, 10 (S8): 95S – 120S.

④ 胡兰兰．家庭资本对中学生体育参与的影响研究 ［D］．北京：北京体育大学，2020．

家规章制度、媒体等对性别的多方面影响，会表现出各自的差异性①。Nathanael 曾从性别、运动类型和竞技水平对运动员的运动动机进行过相关的评价。通过研究发现，运动员性别与参赛动机之间存在显著的差异。男运动员想要突破自身的极限和取得优秀运动成绩的动机要比女运动员高，因此，成就动机也比女运动员更高一些。

（三）学校体育

学校体育的作用是帮助学生进行生理和心理以及社会的具象认识，通过运动去感知和了解生命所存在的意义，从而去成为"全人"。体育教学、器材设施、体育制度、运动场所对不同性别学生的体育行为影响较为显著，器材设施、课外体育对不同年级学生健康体育行为影响的差异显著，不同年级的学生对体质与健康的认识水平有所出入，因此学生的体育行为也有所差异。总体来说，学校的器材设施、师资队伍以及学生的认知水平都会对其体育参与产生影响。

综上所述，体育参与受家庭、性别、学校的影响，在家庭方面，家庭经济条件影响体育消费决策和体育分层；在性别方面，运动员性别与参赛动机之间存在显著差异，男性体育参与欲望会高于女性群体；在学校体育方面，体育器材设施、师资力量等都会对学生的体育参与产生影响。

第四节　体育参与促进农村留守儿童社会适应的理论依据

一、社会学方面

（一）社交关系理论

美国学者马克·格拉诺维特通过对社交网络的分析提出"弱关系、强关系"的社交理论，他认为：人际关系是由时间、情感强度、亲密关系这种相互信任和相互服务共同构成。"强关系"即"强关系"力量假设理论，

---

① 周丽君，张泽，张雷. 青少年体育行为的性别差异社会学分析 [J]. 北京体育大学学报，2009，32（11）：28 – 30.

是指与亲人、朋友、同事、同学等之间是一种十分稳定的社会关系，这种高度互动能促进小群体之间的互动，能聚集成大规模的集体流动，"弱关系"是指交往频率更低、没有那么亲近的关系，这种关系往往可以较容易地开始或中断①，"弱关系"能从外界交流中获得不同方面的信息②。

马克·格拉诺维特通过研究社交关系在人们更换工作中的利用情况，得出人们更倾向依靠"强关系"来寻求支持，但"弱关系"具有提供新信息与新见解的能力，并提出通过"互动频率"、"情感强度"、"亲密度"与"互惠性"四个指标的总和来衡量关系的强弱③。"强关系"和"弱关系"各有优缺点。"强关系"通常伴随着更高的信任、责任感，带有强烈的感情因素，个体之间的互动也更为深入，但是由于带来的信息相似度非常高，所能带来的新的资源也非常有限；而"弱关系"的社交网络更为广泛，能够接触到更多未知的信息，反而可能带来关键的资源④。边燕杰和张磊指出中国社会的社交关系更加倾向于"强关系"，如"血亲""姻亲"等，这些关系都带有强烈的感情色彩和人情交换⑤。"强关系"和"弱关系"之间并不是完全对立的，Granovetter 进一步完善强弱关系理论，指出在现代社会，各种具有不同背景的人，都可以打破地域的限制，通过某种中介如：QQ、微信、微博等方式建立弱联系，弱关系也可以通过"类熟人"的方式展现⑥。

（二）社会互动理论

社会互动理论属于社会学理论中的三大学派之一即解释论学派，它是欧美学者对知识社会学、符号互动论、角色理论、社会交换理论等组成的

① 郭歆宇. 弱关系社交媒体用户间歇性中辍行为的影响因素研究 [D]. 上海：上海外国语大学，2022.

② GRANOVETTER M. The strength of weak ties [J]. American journal of sociology, 1973, 6 (78)：1360–1380.

③ 李京昆. 社交关系视角下微信读书用户的阅读行为探究 [J]. 北京印刷学院学报，2022, 30 (3)：7–11.

④ 许德娅，刘亭亭. 强势弱关系与熟络陌生人：基于移动应用的社交研究 [J]. 新闻大学，2021, 179 (3)：49–61, 119.

⑤ 边燕杰，张磊. 论关系文化与关系社会资本 [J]. 人文杂志，2013, 57 (1)：107–113.

⑥ GRANOVETTER M. The strength of weak ties：A network theory revisited [J]. Sociological theory, 1983 (1)：201–233.

社会学学术流派的总称①。虽然这些分支理论侧重研究的内容各有不同，但其核心关注点都在人类的社会互动过程以及个体在社会互动中的社会化过程②。在个体社会化过程中，人们通过理解和运用各种象征符号，获得别人对自身的反馈，从而形成相应的自我概念，确立社会角色，完成社会化发展③。

社会互动理论由美国社会心理学家库利提出，是影响较大的社会学理论。库利认为每个人都是一面镜子，能够反映出对方的一些情况，也就是"镜中我"的观点以及托马斯提出的情境定义和情境分析的思想，都为后来的符号互动理论的产生创造了条件。

社会互动理论指出，在社会交往中必然会发生群体与群体、个人与个人、群体与个人之间相互作用的社会互动过程，这是群体或个人生存与发展的基础。社会互动能够改善人与人之间的关系，而体育参与作为一种特殊的社会互动，同样也能促进留守儿童身心健康发展。夏祺飞和刘琪通过对老年人社交活动的研究指出，经常参加体育活动能够令人身心愉悦，改善心理健康，促进身体机能，增强体质④。在幸福感方面，葛小雨等指出，身体锻炼通过调节正向情绪、改善负向情绪进而提高个体的生活满意度，使得个体主观幸福感提高⑤。在大众体育方面，吴仕琦和刘晖通过对大众体育中社会互动价值的研究指出，良好的社会互动有助于个体的"内化"发展⑥。他们认为体育活动中的"自我"与"镜中我"类似，得到他人的看法的途径只有通过相互之间的社会互动行为，在互动中得到对自身的正确

---

① 陈嘉诚，许阳．基于社会互动理论的大学生合作学习：内涵要义与理想图景 [J]．高等理科教育，2022，163（3）：17 – 23.
② 杨红荃，方星．职业启蒙教育缓解角色焦虑的社会互动理论分析 [J]．职教论坛，2022，38（4）：37 – 44.
③ 于颖．社会互动理论视角下教育中奖励的缺失表征及重构路径 [J]．当代教育科学，2019，34（11）：8 – 13.
④ 夏祺飞，刘琪．老龄化背景下老年人参加体育锻炼对生活满意度的影响：基于 2014 年 CFPS 数据的实证研究 [J]．福建体育科技，2023，42（4）：24 – 29.
⑤ 葛小雨，黄谦，刘天彧，等．场所是否重要？体育锻炼场所依恋与主观幸福感的探索性研究——基于疫情期间居家锻炼者的访谈分析 [J]．武汉体育学院学报，2021，55（5）：35 – 42.
⑥ 吴仕琦，刘晖．大众体育中社会互动的价值及改进策略研究 [J]．体育科技文献通报，2020，28（8）：120 – 122.

认识，不断使自身更加符合社会的期待，最终实现自身不断发展。

（三）初级群体理论

"初级群体"（primary groups）也称首属群体，这个概念最初是由美国社会学家库利提出的，主要指家庭、邻里和儿童游戏群体，具有亲密的、面对面交往的特征，在人的早期社会化过程中发挥着重要作用①。库利认为自我概念从群体环境的互动中产生，由此发展了"初级群体"理论，并强调个体在某些群体的参与活动比在其他群体的参与活动对于自我的产生和发展有着更为重要的作用②。初级群体按其成员间的联系，一般可分为血缘型、地缘型、友谊型和业家型四类③。之所以是社会的人，是因为人是社会群体的产物。"初级群体"具有自然特征、历史特征和谱系特征三个特征，自然特征指初级群体的形成与地区、环境有一定关系。历史特征指"初级群体"的时间性，表现为世代居住的地域关系、历史形成的血缘关系、祖辈相传的亲属关系。谱系特征指这个"初级群体"由历史谱系、文化谱系、代际传承谱系、民族谱系构成④。所以，对于任何社会性个体来说，个人与社会的桥梁是初级社会群体。此外，在个人的生命和生活历程中，像家庭、邻里以及社区这样的初级社会群体，始终是个人生活的归宿和安全的港湾。

郑航生提出初级社会群体（primary social groups）是指构成社会的最基本的群体形式，也是社会存在和社会生活的最初载体⑤。初级社会群体主要有：家庭、邻里以及社区包括村落和居民小区。他认为初级群体具有以下几个典型特征：其一，成员的有限性，初级群体的成员一般为 2~30 人，只有在规模较小的群体中才有可能建立紧密的关系；其二，初级群体成员之间的情感联系是基于经常性的、直接的、面对面的互动，短暂的接触很难

---

① 叶靖. 移动互联网时代微型意见领袖的崛起——营销领域初级群体的"重新发现"［J］. 艺术科技，2018，31（12）：278 - 279.

② 乔森内·H. 特内. 社会学理论的结构［M］. 吴曲辉，等译. 杭州：浙江人民出版社，1987.

③ 吴少伟. 高校学生初级群体的基本类型与分布特征［J］. 河南教育（高教），2014，116（12）：62 - 63.

④ 马进，王瑞萍，李靖. 国家认同是怎样进行的——宗教认同和国家认同关系研究［J］. 青海民族研究，2017，28（2）：61 - 65.

⑤ 郑杭生，陆益龙. 转型的初级群体与社会安全问题［J］. 安庆师范学院学报（社会科学版），2004，23（2）：1 - 6.

形成初级群体；其三，成员间没有明确的分工，都扮演多种角色，表现出所有的个性；其四，成员之间的交流充满感情；其五，每个成员都是不可替代的；其六，群体整合度高；其七，群体控制依靠非正式手段。初级群体的社会功能：第一，初级社会群体是人的社会化的最基本条件，提供人们生活的基本环境；第二，初级社会群体是个人进入社会的桥梁。第三，初级社会群体起到稳定社会的作用。个体参与体育活动的效能小于群体活动的影响，而群体的参与活动对提升个人的自我情感及态度具有不可忽视的重要作用。通过社交途径构成成员间的群体范式，能同化个体进行体育参与的内部动机，继而转变为持续性参与的行动倾向。

（四）符号互动理论

米德认为个体遵从社会互动所表现的意义，通过社会交流学习社会角色，并不断修正自身行动，从而实现个体社会化[①]。布鲁默和戈夫曼等人进一步完善符号互动理论，并构建出完善的理论框架。布鲁默的主要观点有三个：一是个体是有主观能动性和创造性的存在。个体不仅可以反思自我，也可以根据所处的环境自觉修正行为，更可以创造出符合社会发展要求的事物；二是个体有自我互动的行为。在进行公开行为之前，个体会对即将发生的自我行为进行预演，与自己对话，找出自我的不足并修正；三是联合行动。在同一社会组织中，个体间的交流互动行为各有其特点。符号互动理论从微观层面关注人与人之间的互动，它试图解释人们用什么方式定义、理解与处理他们所处的情境，并对社会结构的形成与变化发挥作用。符号互动论的具体内容如下：第一，事物对行为人的意义是影响其行动的原因；第二，该意义深受人际互动的影响；第三，人们在具体情境中会不断对意义进行修正[②]。符号互动理论的核心观点是：人类创造与运用符号；人类通过识别他人使用的符号，运用符号进行自我认识，以及对情境进行理解并做出反应[③]。米德提出，人的自我是在互动中形成的，自我有"主

---

① 乔治·赫伯特·米德. 心灵、自我和社会 [M]. 霍桂桓，译. 南京：译林出版社，2012.

② 李响. 符号学视角下的旅游地信任感：形成机制与行为影响研究 [D]. 泉州：华侨大学，2021.

③ 李如密，刘伦. 课堂教学互动及其优化策略——符号互动理论的视角 [J]. 教育科学研究，2012, 23 (10): 51 - 55.

我"和"客我"之分。"客我"代表的是共同体中其他人所采取的态度，"主我"代表的是当个体察觉到自己与他人的存在时，根据自己的经验对共同体中其他人的态度做出的反应。自我是由社会定义的，是"主我"和"客我"互动产生的，"主我"是行动者，"客我"是通过在他人心中建构形成的社会我，行动由"主我"引起，"客我"形成标准约束，制约"我"的发展方向。"主我"在社会活动中是行动力，"客我"是行动方向①。

符号互动的功能：一是符号互动是人"社会化"的基本途径。在社会化的过程中，不是人的生物性被压制或减退，而是人的社会性得到发展，人们学会运用社会理性去控制生物的冲动性，进而实施自己的社会行为，而无论是"学习"还是"抑制"都是通过符号互动完成的。二是符号互动促进行动者对自我的认识并满足其需求。通过符号互动，人们不仅能够评估别人行为的意义以及自己行为对他人产生的作用，也能预测及体会别人对自己的印象或者态度，进而形成自我认识。三是符号互动是社会构成与发展的原动力。符号互动不仅支撑着社会个体成员的发展和需求，也承载着社会的构成与发展②。

二、心理学方面

(一) 群体凝聚力理论

心理学家 Lewin 用"凝聚力"（cohesion）一词来形容作用于群体中各个成员之间、使他们形成一个整体的一种力量。其后，费斯汀格对群体凝聚力进行更为详细的阐述，认为群体凝聚力不仅仅是成员内部的相互吸引，更包含了多种因素的组合，这种组合的力量是因成员的共同目标而集聚在一起，也因此，群体凝聚力包含了成员间的共同目标和目标所具有的吸引力、各成员之间的相互吸引力、个人在群体中所获得的威信三个方面③。之后的研究者对群体凝聚力的研究有着多样的角度，有学者强调个体对于群体的归属感与士气，有学者注重群体之间的信任以及团队完成任务的能力，

---

① 王昊旸. 符号互动理论视域下职场观察类节目的创作探索 [J]. 视听, 2022, 186 (10): 95 - 98.

② 王晓滨. 符号互动理论视野下的犯罪原因研究 [D]. 长春：吉林大学, 2015.

③ 赵子文. 同步动作与群体归类对群体凝聚力的影响 [D]. 昆明：云南师范大学, 2021.

还有学者将焦点放在群体成员之间的相互吸引上①。大量的研究发现，除人际交往的好坏会对群体凝聚力造成影响之外，团队的氛围、个人满意度、团队的发展、个人价值的体现等也对群体凝聚力有所影响。

群体凝聚力可以为团队成员提供更多沟通交流的机会，在促进个体参与行为的深入方面至关重要。林美珍通过总结国内外学者的研究，指出群体的规模、群体成员的多样性、群体成员的人际关系等都能对群体凝聚力产生影响。

（二）社会认知理论

美国心理学家 Albert Bandura 基于社会学习理论和行为主义理论首次提出社会认知理论（Social Cognitive Theory），该理论强调行为、认知和环境相互作用以塑造人的方式，为影响、预测人们行为和认知过程提供了一个理论框架。目前，该理论被广泛应用于知识管理、体育锻炼、电子商务等领域的研究。在 Bandura 的社会认知理论中，自我效能被认为是最重要的行为相关决定因素之一，学生的认知（运动）能力和目标取向与身体活动之间有着积极关系，同时认知障碍与身体活动之间负相关，其中缺乏时间和缺乏兴趣被确定为主要障碍②。Bandura 认为，人的行动是主体、行为、环境三种因素交互作用的结果，任意两个因素之间都存在相互作用，即"三元交互理论"③。在主体与行为之间的相互决定关系中，一方面个体的主体因素影响或决定着行为的方式；另一方面行为的结果反过来又影响着人的思想和情感的变化。在行为与环境的相互作用关系中，环境作为现实的条件决定着人的行为方向和强度，同时行为的发生也在改变着环境以适应人的需要。在主体与环境的相互作用关系中，个人的人格特征和认知技能是受环境作用的，但环境能否产生作用却是由人的认知来把握。主体、行为、环境三组因素并非同时一起相互作用，并且任意两组因素相互影响的力量

---

① 吴筱萌．跨校网络教研小组的凝聚力分析 [J]．中国电化教育，2016，356（9）：85 – 90．

② ALRUWAIE M, EL-HADDADEH R, WEERAKKODY V. Diffusion of social cognitive theory in information systems research: A bibliometric study [M]．Berlin: Springer Netherlands, 2011.

③ 徐军纪，王雪松，舒蕾．社会认知理论视域下高职特殊生源人才培养探究 [J]．就业与保障，2022，299（9）：160 – 162．

并不对称，当某一因素成为决定因素时，将限制其他因素作用的发挥。与行为主义理论不同，社会认知理论强调个体的主观能动性，从个体认知出发系统地诠释了个体行为产生的复杂过程，具体而言，个体受目标驱动，会根据对自身与环境的评价形成相关预期与行动方案，然后通过自我管理过程主动而非被动地影响环境，努力实现目标。阿道夫·拉尔夫在 1999 年对社会认知的概念做出进一步阐释，他认为社会认知是对同一物种中的其他个体的行为做出反应的过程，尤其是对那些高认知过程的反应，即在这些过程中所看到的极其多样和灵活的社会行为①。

（三）计划行为理论

计划行为理论（Theory of Planned Behavior）是从信息加工的角度、以期望价值理论为出发点解释个体行为一般决策过程的理论。主要用于预测和解释个体特定环境下的行为，是 Ajzen 在理性行为理论的基础上增加新的变量知觉行为控制形成的，该理论认为，对态度、主观规范和知觉行为控制的意图共同塑造了个人的行为意图和行为。理性行为理论是由美国学者菲什拜因和阿耶兹于 1975 年提出的，主要用于分析态度如何有意识地影响个人行为。计划行为理论的核心要素是意向，意向指个体准备执行特定行为的意愿，该理论认为行为意向是行为的直接决定因素，反映个体为实现具体目标行为愿意付出多大的努力。态度、主观规范以及知觉行为控制是决定行为意向的主要变量。态度是指个体对执行特定行动所持有的正面或负面的评价；主观规范是指个人对是否采取某项特定行为所感受到的社会压力；知觉行为控制是指个体感知到的执行特定行为的难易程度。

康纳和诺曼等人对计划行为理论作了一定的修正，增加了意图的稳定性、行为的稳定性及对过去的行为的感知等因素，即稳定的行为意图和行为高相关，同时过去的行为与现在的行为相关程度较低，而不稳定的意图和行为低相关，同时过去的行为和现在的行为关系紧密②。计划行为理论是

①　ADOLPHS R. Social cognition and the human brain［J］. Trends in cognitive sciences，1999，3（12）：469 − 479.

②　窦玉英，付超. 计划行为理论下大学生创业影响因素研究［J］. 中国集体经济，2023，734（6）：83 − 85，140.

社会心理学领域中被广为接受的研究人类行为意向的理论。计划行为理论对儿童开展身体活动具有良好的解释力和预测力，同时该理论也为个体身体活动的干预提供了有效的理论指导①。

（四）亲社会行为理论

亲社会行为具有较为深远的哲学和心理学基础，早在几个世纪前，众多哲学家和宗教学家就认为亲社会行为是人性固有的品质。在宗教作品中有许多相关表述，如著作中描写的圣人都是亲社会品质与行为的具象，反映了舍己助人、无私奉献的精神。早期的哲学家也强调亲社会是人类天然具有的道德倾向，同情与怜悯会激发这种行为。20世纪80年代中期，Eisenberg整合前人的理论成果综合自身研究所得，提出亲社会行为理论模式，将相关影响因素融入亲社会实践过程中，从而更加系统、综合地探究亲社会行为发生的具体过程与机制②。亲社会行为泛指一切符合社会期望而有利于他人或社会的行为，包括合作、分享、助人、利他惩罚及安慰等。

亲社会行为是人们之间形成和维持和谐友善关系的重要基础，是一种积极的社会行为，对社会和个人的发展具有重要意义。亲社会行为不仅能够促进个体适应社会，还能够维持社会的发展，具有重要的理论意义和现实意义。国内外许多学者对亲社会行为做了分析研究，可以分为三个层次：一是微观层面，研究亲社会倾向的起源和变异来源；二是中观层面，在特定情况下对帮助者和受惠者二元组的研究；三是宏观层面，在群体和大型组织的背景下发生的亲社会行为。生态系统理论认为，个体的行为发展是个体感知到的环境因素与个体因素相互作用的结果。其中，领悟社会支持是影响个体行为发展的重要环境变量。领悟社会支持是指个体感到被重要他人关心、尊重、支持和理解的满意程度。个体体验到的支持越多，越有可能愿意帮助他人。在与他人交往中，个体感到的社会支持越多，对他人的信任程度越高，归属感也越强。班杜拉的社会学习理论认为，身边重要

---

① 王丽娟，郑丹蘅.习惯行为，执行意向与青少年身体活动意向与行为：基于计划行为理论的扩展模型［J］.上海体育学院学报，2020，44（2）：22－32.

② EISENBERG N, MUSSEN P H. The roots of prosocial behavior in children［M］. New York：Cambridge University Press，1989：1－172.

他人（家人、朋友、同学、教师、亲戚）的行为和态度会对个体行为产生强化、认同、模仿和榜样作用，个体可能会受重要他人的亲社会行为影响而习得或形成亲社会行为。实证研究也表明，社会关系质量可以显著正向影响亲社会价值观和利他行为。联合行动，如同步、模仿、协作等能促进亲社会行为的发展，在人际交往过程中，个体可以通过模仿他人来增强与对象的感情，从而培养亲社会行为，个体与同伴相互协作也能促进亲社会行为的发展①。不同的社会阶层对亲社会行为也会产生影响。处于低社会阶层的个体在生活中需要依靠外部力量，通过实施亲社会行为与本社会群体中的其余人以及其余社会群体建设出积极、和谐的社会联结。而高社会阶层者与其相反，社会阶层较高的人更有可能做出不道德的、自利的行为②。

国内外学者对亲社会行为进行了多角度的验证。一是亲社会行为的进化理论阶段。亲缘选择理论，Hamilton 认为，个体更倾向于帮助与自己有血缘关系的人，血缘关系越强，亲社会行为越强③；群体选择理论：如果两个群体存在直接的竞争，那么拥有大量亲社会个体的群体（愿意为了整个群体牺牲自己）要比拥有更多自私个体的群体更有优势；互惠理论：互惠利他的理论认为，虽然亲社会行为会给个体带来损失，但也会带来利益，利益有时是即时的，有时是延迟的。二是亲社会行为的认知理论阶段。损失—奖赏的激励模型；社会信息加工模型；捐赠决策的二阶模型④。

亲社会行为的表现形式多样，根据不同的分析角度，亲社会行为可以有以下不同的分类。基于双重态度模型进行区分，该模型指出，个体对同一事物的看法同时存在两种态度，一类是直接表现出来的外显态度，另一类是不表现出来的内隐态度。一些学者将该模型运用到亲社会行为研究中，

① 林琳琳，李志敏. 婴幼儿联合行动发展研究［J］. 幼儿教育，2022，41（Z6）：64－67，91.

② 杨思颖，王飘晗，王思倩，等. 社会阶层对亲社会行为的影响：公正世界信念与感恩的链式中介效应分析［J］. 心理月刊，2022，17（15）：39－41，70.

③ HAMILTON W D. The genetical evolution of social behaviour.［J］. Journal of theoretical biology，1964，7（1）：17－52.

④ 肖凤秋，郑志伟，陈英和. 亲社会行为产生机制的理论演进［J］. 心理科学，2014，37（5）：1263－1270.

将亲社会行为分为外显亲社会行为和内隐亲社会行为，并认为这两种亲社会行为是互相分离，且各自拥有相对独立的结构①。根据不同情境区分可分为利他性亲社会行为、依从性亲社会行为、情绪性亲社会行为、公开性亲社会行为、匿名性亲社会行为和紧急性亲社会行为②。研究发现，亲社会行为不仅有利于个体情绪健康与主观幸福感的提升、良好人际关系的建立与维护并获得更多的社会资源，而且对于创造力的提升具有积极的促进作用③。

① 李磊. 外显、内隐利他行为及其预测源研究 [D]. 兰州：西北师范大学，2012.
② 陈佩仪. 童年创伤对亲社会行为的影响：共情的作用 [D]. 广州：南方医科大学，2022.
③ 张伟达，俞国良. 亲社会行为实施者何以更有创造力？——基于解释学认识论的内外因模型 [J]. 山西师大学报（社会科学版），2022，49（5）：81-92.

第二章
农村留守儿童体育参与和社会适应的现状研究

第一节　农村留守儿童基本情况概述

一、研究对象

本研究采取多阶段分层随机整群抽样法，选取农村留守儿童聚集的湖南、湖北、贵州、安徽、江西、广西壮族自治区 6 个省份，每个省份随机选取一个县或县级市，在县或县级市随机选取一个乡镇，在乡镇随机选取一所小学，以四年级至五年级全体学生为调查对象。于 2019 年 9 月对以上对象发放问卷，共发放问卷 1380 份，回收问卷 1380 份，剔除漏选 3 项以上及错填的问卷，得到有效问卷 1154 份，问卷有效率 83.62%。剔除非农村留守儿童问卷 298 份后（剔除标准为父母双方或一方外出打工，留守时长持续半年及以上），得到农村留守儿童有效问卷 856 份。

二、研究方法

采用胡韬编制的"少年儿童社会适应量表"，量表包含人际友好、活动参与、学习自主、生活独立、环境满意、人际协调、社会认同、社会活力，共 8 个方面，8 个方面合并为 3 个维度：学习与学校适应（包括学习自主和环境满意）、生活与活动适应（包括活动参与和生活独立）、社会关系与观念适应（包括人际协调、人际友好、社会认同和社会活力）。量表得分越高，说明儿童社会适应能力越强。该问卷被广泛使用，具有良好的信度和效度。

三、农村留守儿童个人基本信息

由表 2 - 1 可知，调查样本中农村留守儿童共 856 人，男孩 439 人，占比 51.29%，女孩 417 人，占比 48.71%。在同胞情况调查中发现非独生子女 773 人，占比 90.3%，独生子女 83 人，仅占 9.7%。在年龄方面，8 ~ 9 岁农村留守儿童 4 人，占比 0.47%；9 ~ 10 岁农村留守儿童 280 人，占比 32.71%；10 ~ 11 岁农村留守儿童 523 人，占比 61.10%；11 ~ 12 岁农村留守儿童 49 人，占比 5.72%。在留守情况分析中发现，大多数农村留守儿童多为"完全留守儿童"，即父母都外出工作，人数 426 人，占比 49.77%；父亲一方外出工作人数 326 人，占比 38.08%；母亲在外务工人数 104 人，占比 12.15%。在寄宿情况调查中发现走读人数 834 人，占 97.43%，寄宿人数 22 人，占 2.57%。在监护情况调查中发现，和父亲一起生活 87 人，占比 10.16%；和母亲一起生活 316 人，占比 36.92%；和爷爷奶奶或外公外婆一起生活 425 人，占比 49.65%；和邻居或亲戚一起生活 16 人，占比 1.87%；和兄弟姐妹一起生活 12 人，占比 1.40%。在农村留守儿童健康情况分析中发现留守儿童身体状况非常好共 85 人，占 9.93%；健康状况较好 171 人，占比 19.98%；健康状况一般共 599 人，占 69.98%；健康状况不好以及非常不好的人数共 1 人，占 0.11%。

表 2 - 1　农村留守儿童个人基本信息表

变量	类别	人数（人）	百分比
性别	男	439	51.29%
	女	417	48.71%
年龄	8 ~ 9 岁	4	0.47%
	9 ~ 10 岁	280	32.71%
	10 ~ 11 岁	523	61.10%
	11 ~ 12 岁	49	5.72%
留守情况	父亲在外务工	326	38.08%
	母亲在外务工	104	12.15%
	父母双方在外务工	426	49.77%

变量	类别	人数（人）	百分比
同胞情况	独生子女	83	9.70%
	非独生子女	773	90.30%
寄宿情况	走读	834	97.43%
	寄宿	22	2.57%
监护人	父亲	87	10.16%
	母亲	316	36.92%
	爷爷奶奶或外公外婆	425	49.65%
	邻居或亲戚	16	1.87%
	兄弟姐妹	12	1.40%
自身健康情况	非常好	85	9.93%
	较好	171	19.98%
	一般	599	69.98%
	不好	1	0.11%
	非常不好	0	0

四、其他情况

（一）家庭受教育程度

由表2-2可知，监护人是小学以下学历为385人，占比44.98%；小学学历235人，占比27.45%；初中学历156人，占比18.22%；高中（含中专）学历73人，占比8.53%；大学及以上学历7人，占比0.82%。父亲文化程度是小学以下学历14人，占比1.63%；小学学历281人，占比32.83%；初中学历420人，占比49.06%；高中（含中专）118人，占比13.79%；大学及以上学历23人，占比2.69%。母亲文化程度小学以下学历99人，占比11.57%；小学学历318人，占比37.15%；初中学历386人，占比为45.09%；高中（含中专）39人，占比4.56%，大学及以上学历14人，占比为1.63%。说明父亲、母亲、监护人文化程度主要集中在初中、小学及以下层面，高中及大学以上的只占很少一部分，农村留守儿童父母文化程度整体较低。

表 2-2 农村留守儿童家庭受教育程度情况表

变量	类别	人数（人）	百分比
监护人受教育程度	小学以下	385	44.98%
	小学	235	27.45%
	初中	156	18.22%
	高中（含中专）	73	8.53%
	大学及以上	7	0.82%
父亲文化程度	小学以下	14	1.63%
	小学	281	32.83%
	初中	420	49.06%
	高中（含中专）	118	13.79%
	大学及以上	23	2.69%
母亲文化程度	小学以下	99	11.57%
	小学	318	37.15%
	初中	386	45.09%
	高中（含中专）	39	4.56%
	大学及以上	14	1.63%

（二）家庭经济情况与父母打工距离

由表 2-3 可知，留守儿童家庭经济情况非常好有 7 人，占比 0.82%；家庭经济较好有 93 人，占比 10.86%；家庭经济一般有 536 人，占比 62.62%；家庭经济较差有 209 人，占比 24.41%；家庭经济非常差有 11 人，占比 1.29%。父母工作在本县内有 162 人，占比 18.92%；父母工作在省内其他城市有 256 人，占比 29.91%；父母在国内其他城市工作有 438 人，占比 51.17%。根据调查的数据可知，留守儿童的家庭经济情况一般占大部分，这也间接导致留守儿童父母选择打工的地方是在省内其他城市和国内其他城市，因家乡的经济发展水平较低，更多地选择远离家乡去经济水平发展好的城市打工。

表 2 - 3　农村留守儿童父母打工距离情况表

变量	类别	人数（人）	百分比
家庭经济情况	非常好	7	0.82%
	较好	93	10.86%
	一般	536	62.62%
	较差	209	24.41%
	非常差	11	1.29%
父母打工距离	本县内	162	18.92%
	省内其他城市	256	29.91%
	国内其他城市	438	51.17%

（三）亲子联系方式与联系频率

由表 2 - 4 可知，留守儿童中同父母每天联系的有 20 人，占比 2.34%；与父母每隔 2 ~ 3 天联系的 49 人，占比 5.73%；与父母一周联系一次的 185 人，占比 21.61%；与父母半个月联系一次的 389 人，占比 45.44%；与父母一个月才联系一次的 213 人，占比 24.88%。联系方式上从来不联系的 56 人，占比为 6.54%；通过发消息与父母联系的 362 人，占比 42.29%；与父母打电话联系的 401 人，占比 46.85%；去父母工作的地方见父母的 3 人，占比 0.35%；通过其他方式联系父母的 34 人，占比 3.97%。由调查数据可知，半个月和一个月联系一次父母的占比最高，可以看出父母与留守儿童之间缺乏联系和沟通，和父母联系较少；联系的方式多采用打电话和发消息的方式，手机的逐渐普及，使得亲子之间的联系多偏向打电话和发消息的方式，与父母从不联系的留守儿童，可能与父母之间的关系也会变得疏离。当在生活和学习中遇到不能解决的问题时，很少请求别人的帮助，问题没有得到及时的处理，长此以往会增加他们心理上的负担。

表 2 - 4　农村留守儿童亲子联系方式与联系频率情况表

变量	类别	人数（人）	百分比
亲子联系频率	每天	20	2.34%
	每隔 2 ~ 3 天	49	5.73%
	一周	185	21.61%
	半个月	389	45.44%
	一个月	213	24.88%

（续表）

变量	类别	人数（人）	百分比
联系方式	从不联系	56	6.54%
	发信息	362	42.29%
	打电话	401	46.85%
	去工作的地方见父母	3	0.35%
	其他	34	3.97%

五、农村留守儿童自身情况分析

由表 2-5 可知，在个人生活方面，有 722 位留守儿童能自己照顾好自己，占比 84.35%；有 134 位留守儿童不能自己照顾好自己，占比 15.65%。有 336 位留守儿童每天做家务，占比 39.25%；2~3 天做一次家务的有 425 人，占比 49.65%；一周一次家务的有 95 人，占比 11.10%。调查数据可知，大部分农村留守儿童能自己照顾好自己，在家里做家务也比较频繁。这说明父母亲不在身边，农村留守儿童独立生活能力较强一些，他们的自主性也更强。

在人际交往方面，有 198 名留守儿童经常受欺负，占比 23.13%；有 375 名留守儿童有时候受欺负，占比 43.81%；有 246 名留守儿童很少受欺负，占比 28.74%；有 37 名留守儿童从未受欺负，占比 4.32%。留守儿童有 12 名人际交往自我评价很好，占比 1.40%；留守儿童有 218 名人际交往自我评价较好，占比 25.46%；留守儿童有 350 名人际交往自我评价一般，占比 40.89%；留守儿童有 272 名人际交往自我评价较差，占比 31.78%；留守儿童有 4 名人际交往自我评价很差，占比 0.47%。

在倾诉对象方面，留守儿童在遇到困难会找父亲倾诉的有 96 人，占比 11.21%；找母亲倾诉的有 167 人，占比 19.51%；找兄弟或姐妹倾诉的有 77 人，占比 9.00%；找同学倾诉的有 311 人，占比 36.33%；找老师倾诉的有 71 人，占比 8.29%；谁也不说的有 108 人，占比 12.62%；找其他人倾诉的有 26 人，占比 3.04%。调查数据显示，找同学倾诉的比例较大，占样本总数的 36.33%，由于父母离家打工，与父母之间相隔太远，交流甚少，而留守儿童在学校的时间较长，与同学交际较多，同学之间年龄相仿，有更多的共同语言，所以大部分留守儿童会选择与同学倾诉，12.62%的儿童选择对谁也不说，这部分的儿童长期将心里话埋藏在心里，不利于其人际交流和心理健康。

综上所述，大部分留守儿童能自己照顾好自己，并且在家做家务的频率也较高，因父母外出务工，留守儿童因此需挑起生活的重担，他们中的大多数只是做了一些力所能及的家务活，在一定程度上锻炼了他们的自理能力和家庭责任感。留守儿童人际交往一般，因为留守儿童父母不在身边，在人际交往中没有人指导，不知道如何与人相处，害怕与人沟通交流，就会在人际交往中出现退缩行为。所以，留守儿童不容易适应人群和快速地融入群体。

表 2-5　农村留守儿童自身情况表

变量	类别	人数（人）	百分比
能自己照顾好自己	能	722	84.35%
	不能	134	15.65%
做家务的频率	每天	336	39.25%
	2～3天	425	49.65%
	一周	95	11.10%
受欺负	经常	198	23.13%
	有时候	375	43.81%
	很少	246	28.74%
	从未	37	4.32%
人际交往	很好	12	1.40%
	较好	218	25.46%
	一般	350	40.89%
	较差	272	31.78%
	很差	4	0.47%
倾诉对象	父亲	96	11.21%
	母亲	167	19.51%
	兄弟或姐妹	77	9.00%
	同学	311	36.33%
	老师	71	8.29%
	谁也不说	108	12.62%
	其他	26	3.04%

第二节 农村留守儿童社会适应现状

一、农村留守儿童与城市儿童社会适应比较分析

将农村留守儿童与城市儿童社会适应进行比较，结果显示：农村留守儿童较城市儿童在社会适应方面存在显著差异。除了"生活与活动适应"维度下的"生活独立"不具有显著差异之外，其他七个方面、三个维度和总分均具有显著差异。说明农村留守儿童与城市儿童社会适应相比有较大差异性，在各方面城市儿童的社会适应都优于农村留守儿童。本研究结果还显示，农村留守儿童与城市儿童"生活独立"不具有差异性（$P > 0.05$）。说明城市儿童的社会适应能力的总体水平虽然较好，但是农村留守儿童"生活独立"能力并不低于城市儿童。

表 2-6 农村留守儿童、非农村留守儿童与城市儿童社会适应比较

变量	留守儿童	城市儿童	t 值	P 值
学习自主	23.36 ± 4.46	25.44 ± 3.65	17.329	0.000
环境满意	20.03 ± 3.72	22.03 ± 2.82	23.756	0.000
活动参与	19.88 ± 4.20	22.31 ± 2.57	29.879	0.000
生活独立	18.99 ± 4.27	19.42 ± 3.84	0.977	0.377
人际协调	18.54 ± 3.96	20.13 ± 3.38	13.262	0.000
人际友好	23.07 ± 5.05	26.02 ± 3.79	28.850	0.000
社会认同	15.25 ± 3.12	17.75 ± 2.22	52.835	0.000
社会活力	14.68 ± 3.54	17.31 ± 2.51	45.326	0.000
社会关系与观念适应	43.39 ± 7.25	47.47 ± 5.90	25.565	0.000
学习与学校适应	38.87 ± 7.47	41.73 ± 5.60	11.901	0.000
生活与活动适应	71.55 ± 12.74	81.21 ± 10.03	47.129	0.000
社会适应总分	153.80 ± 25.12	170.41 ± 20.11	35.327	0.000

在"家庭分工理论"中，农村留守儿童父母为承担起家庭经济的重任，父母则选择外出务工，一部分留守儿童家庭是父亲外出务工，母亲则留家里照顾孩子，另一部分则是父母双方都外出打工，孩子留给老人或其他亲戚照顾。这样才能承担家庭经济的重任，给孩子提供好的生活、学习条件等。由于父母打工距离远、亲子联系较少、缺乏父母家庭教育等，农村留守儿童家庭亲子关系缺失，这对农村留守儿童的社会适应能力有较大的影响。相反城市儿童的家庭经济情况相对农村留守儿童较好，父母工作地离家较近，有更多的时间与孩子相处，能得到父母的关爱和教导，在好的家庭环境中成长，这有利于提升儿童社会适应能力。并且城市儿童的家长对于孩子学习、生活的投入较多，学校的教育方式也较为先进，这样的环境是优于农村留守儿童的。

二、不同留守类型农村留守儿童社会适应水平分析

在三类农村留守儿童的社会适应当中，除了"生活与活动适应"维度下的"活动参与"具有显著差异之外，其他七个方面、三个维度和总分均不具有显著差异。"活动参与"方面的差异主要是父母均外出类显著高于父亲外出类（$P < 0.01$）和母亲外出类（$P < 0.05$）。

"亲子关系缺失"理论认为，双留守对儿童的负面影响最大，单留守次之，因为双留守儿童的亲子关系缺失更严重，孩子的家庭学习等无法得到应有的指导，且往往要承担更多的家务。在单留守内部，母亲外出的负面影响更大，因为母亲在抚养和教育子女方面比父亲承担得更多。本研究结果与此相反。其一，双留守儿童的社会适应能力不但不低于单留守儿童，在很多指标上还高于单留守，其中"活动参与"指标还与单留守儿童具有显著性差异；其二，在单留守内部，母亲外出的儿童与父亲外出的儿童在社会适应总分和各维度上都没有显著差异。本书认为，双留守儿童之所以在社会适应方面比单留守儿童要强，主要有两个原因。一是因为经济基础更好，二是因为家庭教养情况更好。如前所述，外出打工的收入高于在家务农，父母双方外出打工的收入也要高于单亲外出打工，经济补偿效应会更大。再者，单亲外出打工的家庭往往是因为无人照顾孩子和老人，不得已留下一人在家照顾；双亲外出打工则不同，一般都是祖辈比较年轻体健。

二者相比，双留守儿童比单留守儿童能够得到更好、更全面的照顾（男性和女性的照顾都有），需要承担的家务劳动也更少，本文将此视为"亲子关系替代效应"。

双留守儿童"活动参与"的得分显著高于单留守儿童，这是"经济补偿效应"和"亲子关系替代效应"共同作用的结果。一方面，双留守儿童家庭具备更好的经济基础，并且双留守儿童的家长在外的见识更广，观念更先进，为孩子的学校活动参与等提供了物质条件和观念支持。另一方面，双留守儿童大多由祖父母照顾，加上家庭条件较好，农业和养殖等方面的负担相对更轻，孩子不需要承担多少家务劳动，这也为他们的社会活动参与提供了条件。

表 2 - 7　不同留守类型农村留守儿童社会适应比较分析

变量	父亲外出 ($n = 326$)	母亲外出 ($n = 104$)	父母均外出 ($n = 426$)	F	P
学习自主	23.23 ± 4.86	22.88 ± 4.43	23.57 ± 4.13	1.212	0.298
环境满意	19.78 ± 4.05	20.16 ± 3.25	20.19 ± 3.56	1.246	0.288
活动参与	19.44 ± 4.42	19.34 ± 4.17	20.34 ± 4.00	5.303	0.005
生活独立	19.02 ± 4.53	18.76 ± 4.39	19.02 ± 4.03	0.172	0.843
人际友好	22.71 ± 5.33	23.53 ± 4.34	23.24 ± 4.98	1.507	0.222
社会认同	15.20 ± 3.38	15.11 ± 3.03	15.32 ± 2.94	0.265	0.767
人际协调	18.30 ± 4.30	18.50 ± 3.76	18.73 ± 3.73	1.099	0.334
社会活力	14.39 ± 3.79	14.48 ± 3.50	14.96 ± 3.34	2.553	0.078
社会关系与观念适应	70.60 ± 13.85	71.62 ± 11.79	72.25 ± 12.03	1.552	0.212
学习与学校适应	43.01 ± 8.00	43.04 ± 6.87	43.76 ± 6.71	1.136	0.322
生活与活动适应	38.46 ± 7.94	38.10 ± 7.85	39.36 ± 6.97	1.967	0.140
社会适应总分	152.08 ± 27.68	152.75 ± 24.58	155.38 ± 23.08	1.701	0.183

三、不同性别农村留守儿童社会适应水平分析

农村留守儿童社会适应水平在性别上存在普遍的显著差异，不管是 8 个一阶因素，还是从 3 个二阶因素，抑或是从整体得分，女生全面高于男生，除了"人际友好"这个因素的差异不显著外，其他的所有差异都显著（$P <$

0.01）。

　　研究结果与现有的大多研究结果一致，这种差异主要归于儿童发展的性别差异和我国的文化取向。小学儿童的身心发展都存在性别差异，女孩发展的速度快于男孩，因而女孩在身体和心理上都更成熟，社会适应能力发展也相应好些。男女性格差异及我国社会的文化取向结合在一起也是一个重要的原因。男孩的性格具有好动、果敢、创新、冒险等特质，女孩的性格相反，表现为文静、温柔、细腻、体贴等。我国的儒家文化好静、尚文，加上女孩的成绩往往更好，相对而言更讨老师和家长的喜欢，故而社会适应能力优于男孩。不过也有少量研究得出了不同的结论，这类研究有一个前提，认为农村留守儿童的心理和社会健康水平低于非农村留守儿童，并且女孩受到的负面影响大于男孩，原因在于女孩比男孩更敏感、脆弱，更依恋父母。从本研究的结果来看，农村留守儿童社会适应水平低于非农村留守儿童的前提不成立，女孩因为对父母更依赖进而问题更严重的结论也就同样不成立。事实上，小学女孩社会适应能力强于男孩在我国是一个普遍的现象，农村留守儿童这个特殊的群体特异的结论很难成立。

表 2-8　不同性别农村留守儿童社会适应比较

变量	农村留守儿童性别（$n=856$）		t 值	P 值
	男（$n=439$）	女（$n=417$）		
学习自主	22.56±4.72	24.19±4.00	-5.44	0.000
环境满意	19.61±3.91	20.48±3.46	-3.45	0.001
活动参与	19.18±4.52	20.61±3.70	-5.07	0.000
生活独立	18.21±4.67	19.81±3.62	-5.60	0.000
人际友好	22.82±5.15	23.34±4.93	-1.49	0.137
社会认同	14.85±3.24	15.67±2.94	-3.90	0.000
人际协调	18.06±4.23	19.05±3.60	-3.68	0.000
社会活力	14.26±3.62	15.13±3.41	-3.65	0.000
社会关系与观念适应	73.94±14.11	77.86±11.58	-4.45	0.000
学习与学校适应	42.17±7.71	44.67±6.50	-5.13	0.000
生活与活动适应	37.39±8.20	40.42±6.27	-6.09	0.000
社会适应总分	149.55±26.95	158.27±22.22	-5.18	0.000

四、独生与非独生农村留守儿童社会适应水平分析

农村留守儿童中的独生子女与非独生子女在社会适应水平上存在普遍的差异，非独生子女普遍强于独生子女，其中在活动参与（$P < 0.05$）、生活独立（$P < 0.01$）、社会活力（$P < 0.05$）3 个一阶因素上具有显著性差异，在社会关系与观念适应（$P < 0.05$）、生活与活动适应（$P < 0.01$）2 个二阶因素上存在显著差异，在总分上也存在显著差异（$P < 0.05$）。

表 2-9 独生子女与非独生子女农村留守儿童社会适应比较

变量	是否独生子女（$n = 856$）		t 值	P 值
	独生（$n = 83$）	非独生（$n = 773$）		
学习自主	22.61 ± 4.53	23.44 ± 4.45	-1.60	0.111
环境满意	19.54 ± 3.68	20.08 ± 3.72	-1.26	0.207
活动参与	18.80 ± 4.71	19.99 ± 4.13	-2.23	0.028
生活独立	17.81 ± 4.30	19.12 ± 4.25	-2.67	0.008
人际友好	22.30 ± 4.93	23.16 ± 5.06	-1.47	0.143
社会认同	14.66 ± 3.12	15.31 ± 3.12	-1.80	0.072
人际协调	17.84 ± 4.02	18.62 ± 3.95	-1.69	0.091
社会活力	13.90 ± 3.43	14.77 ± 3.55	-2.12	0.035
社会关系与观念适应	72.61 ± 12.78	76.20 ± 13.07	-2.38	0.018
学习与学校适应	42.16 ± 7.22	43.52 ± 7.24	-1.63	0.103
生活与活动适应	36.60 ± 7.66	39.11 ± 7.41	-2.92	0.004
社会适应总分	147.47 ± 24.71	154.48 ± 25.09	-2.42	0.016

在独生子女社会适应这个研究课题上，目前有不同的研究结论。一种结论认为农村独生子女得到的经济支持和家庭关注要好于非独生子女，因而社会适应能力更强。另一种结论认为农村独生子女和非独生子女的社会适应水平不存在显著差异。还有一种结论认为农村独生子女和非独生子女各有所长，如独生子女在学习适应上更强，而非独生子女在独立性等方面

更强。独生子女之所以在独立性等方面存在不足，主要原因是父母过多的关照让他们产生了依赖性，兄弟姊妹的缺失滋长了他们的自我中心主义。本文的研究结果与第三种比较相似，非独生子女除了在学习与学校适应这个二阶因素上不存在显著差异外，其他 2 个二阶因素都具有显著差异，总体上也存在显著差异。

不同研究得出了迥然不同的研究结果令人费解，风笑天曾对此进行了研究，提出了"消磨—趋同""关键变异年龄""社会交往补偿"等理论来进行解释。这些理论揭示了一个变化规律：年龄是决定独生子女和非独生子女社会适应是否具有显著差异的关键变量。在学龄前或学龄早期，两类子女的社会适应存在着较大差异，随着年龄的增加，差异将会逐渐变小甚至消失。差异之所以会随着年龄的增加而减小甚至消失，主要是因为年龄的增加让儿童有了更大的社会活动能力和范围，抵消了因为家庭结构单一和规模小等带来的负面影响。本文的研究对象是小学四年级学生，处于学龄早期向学龄中期过渡的阶段，独生子女与非独生子女的社会适应还存在比较明显的差异。

第三节　农村留守儿童体育参与现状

体育参与是指人们以锻炼身体、加强社交、心态愉悦等为目的，运用科学的体育方法或手段，通过直接参加竞技体育活动、体育教学以及日常的锻炼活动或者间接通过观看体育赛事等来增强体质，丰富文化生活、促进精神文明的一种体育行为。

一、农村留守儿童体育参与兴趣

从表 2-10 可知，不喜欢体育运动的留守儿童有 27 人，占比 3.15%；不太喜欢体育活动的留守儿童有 65 人，占比 7.59%；236 人对体育活动持一般态度，占比 27.57%；比较喜欢体育活动的留守儿童有 309 人，占比 36.1%；219 人对体育活动非常喜欢，占比 25.59%。综上所述，多数留守儿童对体育活动比较感兴趣，但也有部分留守儿童对体育活动的兴趣一般。

表 2-10　农村留守儿童体育参与兴趣

变量	类别	人数（人）	百分比
体育兴趣	不喜欢	27	3.15%
	不太喜欢	65	7.59%
	一般	236	27.57%
	比较喜欢	309	36.10%
	非常喜欢	219	25.59%

二、农村留守儿童体育锻炼活动情况

农村留守儿童进行体育锻炼强度为轻微运动的 243 人，占 28.39%；进行体育锻炼强度为小强度运动的 156 人，占 18.22%；进行体育锻炼强度为中等强度运动的 213 人，占 24.88%；进行体育锻炼强度为大强度但不持久运动的 186 人，占 21.73%；进行体育锻炼强度为大强度的持久的运动的 58 人，占 6.78%。

农村留守儿童每次参与体育时长在 10 分钟以下的 185 人，占 21.61%；每次参与体育时长在 11~20 分钟的 212 人，占 24.77%；每次参与体育时长在 21~30 分钟的 204 人，占 23.83%；每次参与体育时长在 31~59 分钟的 118 人，占 13.79%；每次参与体育时长在 60 分钟以上的 137 人，占 16.00%。

农村留守儿童体育参与频率一个月 1 次以下的 95 人，占 11.10%；体育参与频率为一个月 2~3 次的 193 人，占 22.55%；体育参与频率为每周 1~2 次的 243 人，占 28.39%；体育参与频率为每周 3~5 次的 125 人，占 14.60%；体育参与频率为每天 1 次的 200 人，占 23.36%。

表 2-11　农村留守儿童体育锻炼活动情况表

变量	类别	人数（人）	百分比
锻炼强度	轻微运动	243	28.39%
	小强度运动	156	18.22%
	中等强度运动	213	24.88%
	大强度但不持久运动	186	21.73%
	大强度的持久的运动	58	6.78%

（续表）

变量	类别	人数（人）	百分比
锻炼时长	10 分钟以下	185	21.61%
	11~20 分钟	212	24.77%
	21~30 分钟	204	23.83%
	31~59 分钟	118	13.79%
	60 分钟以上	137	16.00%
锻炼频率	一个月 1 次以下	95	11.10%
	一个月 2~3 次	193	22.55%
	每周 1~2 次	243	28.39%
	每周 3~5 次	125	14.60%
	每天 1 次	200	23.36%

三、农村留守儿童体育锻炼项目情况

开设合适的项目是激起参与者兴趣的关键，是能否达到育身、育人效果的基础和前提，也是影响参与率的重要因素之一。好的项目，加上良好的场地设施以及合理的组织方式才能达到最佳的体育锻炼效果。体育项目的选择受参与者体育态度、体育价值观、体育需要、体育活动经验、体育消费水平及综合体育活动环境等条件的制约。

由表 2-12 可知，242 名留守儿童体育参与项目是篮球，占比 28.27%；53 人选择足球，占比 6.19%；87 人选择排球，占比 10.16%；其中参与跑步和跳绳的人数最多，分别为 575 人、374 人，占比 67.17%、43.69%；选择乒乓球和羽毛球的人数也较多，分别为 231 人和 217 人，占比 26.99%、25.35%；46 人选择骑自行车，占比 5.37%；107 人选择武术，占比 12.5%；38 人选择舞蹈，占比 4.44%；197 人选择其他体育游戏，占比 23.01%。

综上所述，留守儿童较多选择场地设施要求低、操作简便以及体育消费低的运动项目，如：跳绳、跑步，而场地要求高、需要专人指导的项目开展率较低，如：足球、舞蹈。这说明留守儿童体育参与受场地、器材设施影响较大。

表 2 – 12　农村留守儿童体育锻炼项目情况表

名称	类别	人数（人）	占比
体育参与项目	篮球	242	28.27%
	足球	53	6.19%
	排球	87	10.16%
	羽毛球	231	26.99%
	乒乓球	217	25.35%
	跑步	575	67.17%
	跳绳	374	43.69%
	骑自行车	46	5.37%
	武术	107	12.50%
	舞蹈	38	4.44%
	其他体育游戏	197	23.01%

四、农村留守儿童体育参与方式、场所情况

农村留守儿童体育参与的主要方式不仅可以直接反映他们参加体育活动的习惯特征以及潜在的体育氛围，还能够从侧面揭示农村留守儿童获得体育参与支持情况。

根据表 2 – 13 显示，农村留守儿童与同学朋友一起参与体育锻炼的 184 人，占比 21.50%；与兄弟姐妹一起参与体育锻炼的 153 人，占比 17.87%；单独参与体育锻炼的人数最多，为 407 人，占比 47.55%；与学校兴趣小组成员一起参与体育锻炼的 217 人，占比 25.35%；与监护人一起参与体育锻炼的 105 人，占比 12.27%。体育活动的场所为农村留守儿童参与校外体育活动提供了重要物质保障，也是影响其体育参与兴趣的主要原因。在校内运动场参与体育活动的农村留守儿童有 409 人，占比 47.78%；223 人在家中进行体育活动，占比 26.05%；154 人在村庄空地进行体育活动，占比 17.99%；47 人在乡村活动中心进行体育活动，占比 5.49%；23 人在其他

场地进行体育活动，占比2.69%。

　　综上所述，多数留守儿童进行体育活动主要以单独活动为主，也有部分留守儿童是与同学朋友一起或参加学校的兴趣小组。多数农村留守儿童参与体育的场所位于校内的运动场，只有小部分农村留守儿童在村庄空地和乡村活动中心参与体育锻炼。

表2-13　农村留守儿童体育参与方式、场所情况表

名称	类别	人数（人）	占比
体育参与方式	与同学朋友	184	21.50%
	与兄弟姐妹	153	17.87%
	单独活动	407	47.55%
	学校兴趣小组	217	25.35%
	监护人	105	12.27%
体育参与场所	校内运动场	409	47.78%
	家中	223	26.05%
	村庄空地	154	17.99%
	乡村活动中心	47	5.49%
	其他	23	2.69%

五、农村留守儿童体育参与动机分析

　　据表2-14可知，参加体育运动的目的是增强体质的587人，占比68.57%；参与体育活动的目的是消磨时间的407人，占比47.55%；参与体育活动的目的是促使身心愉悦的186人，占比21.73%；为缓解消极情绪而参与体育活动的153人，占比17.87%；为塑身美体而参与体育活动的64人，占比7.48%；114人参与体育活动的动机是同学、朋友陪伴，占比13.32%；参与体育活动的动机是监护人支持和锻炼意志的130人和171人，分别占比15.19%和19.98%；体育参与动机受体育教师态度和学校重视影响的人数分别有109人和39人，占比12.73%和4.56%。此外，还有部分留守儿童参与体育活动是为了获得荣誉和经济奖励，人数分别有26人和19人，占比3.04%、2.22%。

综上所述，多数留守儿童对体育活动的认知较为清晰，其体育参与的动机主要以增强体质和消磨时间这两大动机为主。

表2-14　农村留守儿童体育参与动机情况表

名称	类别	人数（人）	占比
体育参与动机	增强体质	587	68.57%
	消磨时间	407	47.55%
	锻炼意志	171	19.98%
	身心愉悦	186	21.73%
	缓解消极情绪	153	17.87%
	塑身美体	64	7.48%
	同学、朋友陪伴	114	13.32%
	体育教师态度	109	12.73%
	监护人支持	130	15.19%
	学校重视	39	4.56%
	获得荣誉	26	3.04%
	经济奖励	19	2.22%

六、监护人对留守儿童体育参与的态度

家长对孩子的教育会影响他们的成长，留守儿童会从家长对待事物的态度、处理方式中得到启示。家庭生活中，家长对于体育运动的看法和想法，除了会影响留守儿童的体育态度，更会对他们终身体育意识的形成和养成良好的体育运动习惯造成直接影响。

据表2-15可知，监护人对留守儿童体育参与持无所谓态度的427人，占49.88%；持支持和非常支持态度的407人，占47.55%；有22位监护人持反对态度，占2.57%。

综上所述，监护人对留守儿童体育参与持无所谓态度的人数多于支持的人数，在调查中发现，大部分监护人是小学学历，监护人文化素养水平低，对体育重要性认识不够深刻，在一定程度上会影响对体育参与的态度。

表2-15　监护人对农村留守儿童体育参与态度情况表

名称	类别	人数（人）	占比
监护人态度	非常支持	204	23.83%
	支持	203	23.72%
	无所谓	427	49.88%
	反对	22	2.57%

第三章
农村留守儿童社会适应的影响机制

为综合探究农村留守儿童社会适应的影响机制，课题主要从生态系统理论、家庭功能理论、社会支持理论和生命历程的角度，采用家庭经济压力量表、心理一致感量表、社会支持量表、自尊量表、少年儿童社会适应量表、积极心理资本量表、安全感量表、社会适应问卷等，对留守社会适应影响机制进行探究。

第一节 农村留守儿童社会支持与社会适应的关系：自尊的中介作用

一、引言

基于社会支持理论视角，把个体嵌套于社会环境系统中成为探讨儿童社会化发展问题的一种研究取向。但从社会发展的角度看，社会对个人的影响会更加深刻和全面。在社会支持理论指导下，部分研究者发现社会支持是影响儿童社会适应的一个重要社会背景性因素。社会支持是个体通过社会联系所能获得的他人物质或精神上的支持，优良的社会支持系统能够给人提供积极的心理—情感体验和稳定的社会性回报[1]。研究发现，与非留守儿童相比，农村留守儿童的社会支持水平虽然较低[2]，但来自非家庭成员

---

① 刘晓，黄希庭. 社会支持及其对心理健康的作用机制［J］. 心理研究，2010（1）：3-8，15.
② 朱旭东，薄艳玲. 农村留守儿童全面发展及其综合支持系统的建构［J］. 北京大学教育评论，2020（3）：104-120.

的情感支持和客观支持对农村留守儿童在亲子分离后的心理调适和社会适应仍然发挥着重要作用。基于此，本研究提出假说 H_1：社会支持正向预测农村留守儿童社会适应水平。

社会支持与社会适应的关系已得到部分实证研究支持，但目前很少有研究探讨社会支持影响社会适应的具体作用机制。一些当代研究者在交互决定论基础上，开始关注人的认知因素在社会认知模型假设环境之间的关系。其中，自尊是普遍存在于人类动机中的一种力量，指个体基于自我评价而产生的自重、自爱、自我尊重，并要求他人和社会给予尊重的情感体验。在儿童青少年自尊发展理论建构与实证研究中，研究者发现特殊群体自尊的成长在儿童期可能是环境与个体行为的中介变量。同时，自尊的社会计量器理论从进化心理学和符号互动论的角度也强调自尊在社会接纳和评价中对个体情绪和行为的影响。基于此，本研究提出假说 H_2：自尊可能在社会支持和农村留守儿童社会适应之间起中介作用。

综上所述，社会支持和自尊是影响农村留守儿童社会适应的重要因素，但在以往研究中，仅有少数研究探讨社会支持与儿童社会适应的关系，以及自尊与儿童社会适应的关系，鲜有以农村留守儿童为对象探讨三者之间关系的研究。因此，本研究拟考察社会支持与农村留守儿童社会适应的关系，以及自尊在其中的中介作用，以期从社会支持理论视角揭示农村留守儿童社会适应的影响机制。

二、研究对象与方法

（一）研究对象

本研究使用数据依托于国家社会科学基金项目"健康红利视角下体育参与促进农村留守儿童社会适应的实证研究"（18BTY102）。课题组采用分层随机抽样的方法，随机抽取中部地区 6 个县市的 360 名农村留守儿童为调查对象，剔除无关样本和缺失样本后，有效样本量为 307 人。其中父亲在外务工的儿童有 110 人（35.83%），母亲在外务工的儿童有 39 人（12.70%），双亲均在外务工的儿童有 158 人（51.47%）；男生 147 名（47.88%），女生 160 名（52.12%）。

（二）研究工具

1. 社会支持评定量表

本研究选用由刘霞①等修订的《社会支持评定量表》。量表包括客观支持、主观支持和支持利用度三个维度，共 11 个题项。个体在量表中得分越高则表明社会支持水平越高。在本研究中，量表的内部一致性信度 Cronbach 为 0.73。

2. 少年儿童社会适应量表

采用由胡韬②所编制的《少年儿童社会适应量表》。量表包括 8 个一阶因素（学习自主、生活独立、活动参与、环境满意、人际友好、人际协调、社会认同、社会活力）和 3 个二阶因素（学习与学校适应、生活与活动适应、社会关系与观念适应），共 48 个题项（含 8 个测谎题项），采用李克特5 点计分制，从 1 "完全不符合"到 5 "完全符合"。量表中得分越高，说明社会适应水平越高。在本研究中，量表的内部一致性信度 Cronbach 为 0.90。

3. 自尊量表

采用由 Rosenberg 编制，中国学者修订的中文版《自尊量表》③（Self-esteem Scale，SES）。该量表共 10 个题项，正向计分 6 题，反向计分 4 题（考虑到东西方文化的差异，将第八题改为正向计分④），1～4 级评分，从 1 "很符合"到 4 "非常不符合"。所有条目之和为自尊的总分，总分越高表明自尊水平越高。在本研究中，量表的内部一致性信度 Cronbach 为 0.71。

（三）数据处理

采用 SPSS 25.0 计算变量间的相关系数，采用 AMOS 23.0 软件运用偏差校正的百分位 Bootstrap 法抽取 5000 个 Bootstrap 样本（95% 置信区间）检验中介效应的显著性。

---

① 刘霞，范兴华，申继亮. 初中留守儿童社会支持与问题行为的关系 [J]. 心理发展与教育，2007（3）：98 - 102.
② 胡韬. 流动少年儿童社会适应的发展特点及影响因素研究 [D]. 重庆；西南大学，2007.
③ 汪向东，王希林，马弘. 心理卫生评定量表手册增订版 [M]. 北京：中国心理卫生杂志社，1999：318 - 320.
④ 韩向前，江波，汤家彦，等. 自尊量表使用过程中的问题及建议 [J]. 中国行为医学科学，2005（8）：763.

三、结果

（一）共同方法偏差检验

为了控制常见的方法偏差，通常使用两种方法：程序控制和统计控制。在程序控制方面，本研究通过采取匿名测量、部分内容反向等测量措施从程序上控制共同方法偏差[①]。在统计控制方面，对收集的数据采用 Harman 单因素法进行共同方法偏差检验，将社会支持、自尊和社会适应等变量都放到一个探索性因素分析中，检验未经旋转的因素分析结果。结果显示，特征根大于 1 的因子共 20 个，且第一个因子解释变异量为 16.35%，小于 40% 的临界点，表明本研究不存在共同方法偏差问题。

（二）描述性统计与相关分析

本研究中各变量的平均值、标准差以及相关关系见表 3 - 1。通过计算农村留守儿童的社会支持、社会适应与自尊的 Pearson 相关系数我们得出以下结果：社会适应分别与自尊（$P < 0.001$）和社会支持（$P < 0.001$）之间呈显著正相关；自尊与社会支持（$P < 0.001$）之间呈显著正相关。

表 3 - 1　本研究各变量之间的相关性及均值和标准差

变量	1	2	3	4	5	6
1. 社会支持	1					
2. 自尊	0.285***	1				
3. 社会适应	0.429***	0.450***	1			
4. 客观支持	0.678***	0.163**	0.160**	1		
5. 主观支持	0.799***	0.270***	0.426***	0.225***	1	
6. 支持利用度	0.561***	0.136*	0.304***	0.070	0.334***	1
M	44.76	29.07	147.89	10.98	25.43	8.35
SD	6.34	4.09	21.42	3.34	3.61	2.12

注：* 为 $P < 0.05$，** 为 $P < 0.01$，*** 为 $P < 0.001$。

---

① 周浩，龙立荣. 共同方法偏差的统计检验与控制方法 [J]. 心理科学进展，2004 (6)：942 - 950.

（三）模型拟合和假说检验

在进行假说检验之前先通过 AMOS 23.0 软件对模型进行拟合度检验。从表 3 - 2 可知，$CMIN/DF$ 为 1.608，小于 3 以下标准；$SRMR$ 为 0.037，小于 0.08 以下标准；$RMSEA$ 为 0.045，小于 0.08 以下标准；GFI、$AGFI$、NFI、IFI、TLI、CFI 均达到了大于 0.9 以上的标准，各项拟合指数都满足评价的标准，说明实证数据与假说具有非常理想的拟合度。

表 3 - 2　结构方程模型拟合度检验

模型拟合指标	最优标准值	统计值	是否符合标准
$CMIN$	—	27.335	—
DF	—	17	—
$CMIN/DF$	<3.000	1.608	符合
$SRMR$	<0.080	0.037	符合
GFI	>0.900	0.979	符合
$AGFI$	>0.900	0.956	符合
NFI	>0.900	0.953	符合
IFI	>0.900	0.982	符合
TLI	>0.900	0.969	符合
CFI	>0.900	0.981	符合
$RMSEA$	<0.080	0.045	符合

由于模型的拟合效果较好，采用回归分析来验证前文提出的研究假说，并通过标准化路径系数来测度各因子的影响程度。表 3 - 3 报告了结构方程模型的检验结果，社会支持在 1% 水平上对农村留守儿童社会适应有显著正向影响，标准化回归系数达到 0.441，说明农村留守儿童获得的社会支持越多，其社会适应越高，假说 1 成立；社会支持在 1% 水平上对农村留守儿童自尊有显著正影响，标准化回归系数达到 0.434，说明农村留守儿童获得的社会支持越多，其自尊越高；自尊在 1% 水平上对农村留守儿童社会适应有显著正影响，标准化回归系数达到 0.475，说明自尊越高，农村留守儿童社会适应越高，假说 2 成立。

表3-3 标准化路径系数

路径	标准化路径系数	S. E.	C. R.	P	假说
社会支持→自尊	0.434***	0.243	3.813	0.000	成立
自尊→社会适应	0.475***	0.303	3.837	0.000	成立
社会支持→社会适应	0.441***	0.587	3.933	0.000	成立

（四）中介效应显著性研究

运用偏差校正的百分位 Bootstrap 法对上述关系的95%置信区间进行检验。检验结果表明，偏差校正区间不包括0。在不考虑自尊中介变量的情况下，社会支持对农村留守儿童社会适应的影响大小为2.308，在增加自尊中介变量后，社会支持对农村留守儿童社会适应的影响为3.386，自尊为部分中介效应，其影响大小为1.078，说明自尊有助于促进社会支持对农村留守儿童社会适应的正面效应，且效果显著。（见表3-4）

表3-4 中介效应显著性检验的 Bootstrap 分析

路径	效应值	Bias-corrected 95% CI			效应占比
		Lower	Upper	P	
社会支持→自尊→社会适应	1.078	0.391	2.640	0.001	31.84%
社会支持→社会适应	2.308	0.928	3.770	0.007	68.16%
总效应	3.386	2.391	5.089	0.000	

第二节 家庭经济压力、心理一致感和农村留守儿童社会适应

一、问题提出

农村留守儿童是我国经济社会转型中的特殊弱势群体。长时间的亲子分离和情感上的疏远，加之受限于匮乏的公共服务支持，导致农村留守儿童产生了心理健康危机。不仅对农村留守儿童早期人力资本形成和成年后的收入、健康与创造能力造成了严重的后果，还对国家未来的人口素质、

发展水平及整个社会的稳定带来了一定的影响。从当前农村留守儿童所产生的社会根源来看，由于国家尚处于社会主义现代化建设的初级阶段，资源配置无法全面满足农村经济的发展，加之农村人口基数较大，城市化水平与发达国家还有较大差距，短时间内，农村留守儿童转化为非农村留守儿童的可能性较低。因此，在当前农村留守儿童现象长期存在的现实背景下，如何改善农村留守儿童的心理健康问题，便成了当前农村留守儿童教育事业发展的重要一环。

关于农村留守儿童心理健康影响机制的研究，学术界主要从三方面出发。第一，家庭功能对农村留守儿童心理健康的影响：无论是过程取向还是结果取向的家庭功能理论都认为，家庭功能异常将导致家庭成员之间情感联结出现问题，致使农村留守儿童的心理健康需要容易被忽视而得不到满足。第二，社会环境对农村留守儿童心理健康的影响：农村留守儿童的心理健康不同于一般儿童的心理健康，他们面临新的社会环境，往往会受到消费、社会关系及社会文化等多重因素的影响。第三，基本心理需要对农村留守儿童心理健康的影响：农村留守儿童常常感到自己不被理解或被孤立，加之父母和社会环境也忽视农村留守儿童的情感和尊重需要，所以农村留守儿童的焦虑、抑郁等负性情绪更显著。

农村留守儿童心理健康影响机制研究，学术界形成了较为丰富的成果，但在以下两方面仍有较大扩展空间：其一，大多数农村留守儿童心理健康研究以临床心理学疾病为主，较少探讨农村留守儿童社会适应等挫折心理问题。其二，鲜有深入探讨农村留守儿童心理健康问题内在作用机制的实证研究。鉴于此，本研究以农村留守儿童社会适应为研究对象，从压力和应对理论的角度出发，构建农村留守儿童家庭经济压力、心理一致感与社会适应的结构方程模型，对农村留守儿童心理健康促进具有重要的现实指导意义。

二、理论分析与研究假说

（一）家庭经济压力与农村留守儿童社会适应的关系

与家庭经济状况的一系列客观指标不同，家庭经济压力是指个体感知到家庭资源不能满足家庭需要时所产生的一种压力感，对应于一个人对其当前财务状况的主观评价和理解对财务资源充足性的感知、财务担忧以及对未来经济形势的预期。根据 Berkowitz 提出的挫折——攻击假说，压力源会通过影响个体的情绪反应和唤醒方面的作用等来间接影响个体的内在症状，包括抑郁等负面症状。特别是在经济拮据的家庭中长大的学龄阶段儿童，往往还会受到各种歧视与偏见，从而对社会化发展的积极心理造成影响。此外，对于农村留守儿童等弱势群体而言，家庭经济还可能会占用个体所拥有的有限认知资源，进而损害个体的认知功能。据此提出本文的第一个研究假说：

假说 1：家庭经济压力与农村留守儿童的社会适应负相关。即农村留守儿童家庭经济压力越大，其社会适应越低。

（二）家庭经济压力与农村留守儿童心理一致感的关系

心理一致感是指从他人的角度理解他人的思想和情绪状态，并产生一致的情绪反应和同情或关心他人的感觉的能力。通过对儿童进行正常生活压力筛查发现，儿童生活压力与心理一致感存在负向相关性。说明个体的心理一致感不仅会随时间的推移而发生变化，也会受到生活中各项负性事件的影响。农村留守儿童被认定为特殊弱势群体，父母双方外出务工多是出于改善家庭社会经济地位，因此，农村留守儿童由于生活和成长环境恶劣，在人格发展上也存在一定扭曲，面对困难和不利处境时的信心不足，往往情绪更低落、更有敌意、更低自尊，更缺乏控制感，以及更难以理解他人。据此提出本文的第二个研究假说：

假说 2：家庭经济压力与农村留守儿童的心理一致感负相关。即农村留守儿童家庭经济压力越大，其心理一致感越低。

（三）心理一致感的中介作用

学术界对心理一致感在感知压力与健康之间的关联性主要存在两种观点。其一，从补偿效应模型出发，心理一致感是一种内在资源，与压力水平大小无关。其二，保护效应模型理论认为，心理一致感在个体面对逆境时会产生缓冲效应，缓解压力对个体的负面影响。总体而言，现有研究结论倾向于个体心理一致感在与不同健康结果相关联的过程中具有保护和补偿作用。例如：Maura 等认为，心理一致感可以有效地处理、克服或避免由压力源（如家庭经济压力）所产生的紧张、抑郁等消极情绪，并识别和

（再）利用资源以有效应对压力和危机事件提供内部支持。Dou 等对 1072 名中学生调查后认为，具有高心理一致感的中学生会采取积极的策略解决在环境中所遇到的困难。说明个体面对同样的压力事件，心理一致感越高，个体应对能力越强，越有利于个体社会适应能力发展。据此提出本文的第三个研究假说：

假说 3：心理一致感在家庭经济压力与农村留守儿童社会适应关系中起中介作用。

三、研究设计

（一）数据来源

本文所用数据依托于国家社会科学基金项目"健康红利视角下体育参与促进农村留守儿童社会适应的实证研究"（18BTY102），课题组采用分层随机抽样的方法，随机抽取中部地区 6 个县市的农村留守儿童为调查对象，对调查对象进行多种形式的信息和数据收集，如现场发放问卷、及时填写收回等方式。此次调查共发放 400 份调查问卷，回收 373 份，剔除无关样本和缺失样本后，得到有效样本 366 份，问卷有效率为 91.50%。

（二）变量设定

调查问卷包括家庭经济压力、心理一致感、社会适应等变量，采用的量表主要根据已有研究的成熟量表进行设计，并针对研究对象进行修正。采用自我评估方式展开测试，农村留守儿童以自己的实际感受和现实中的真实状况对量表中的项目进行打分。

（1）家庭经济压力。采用王建平等编制的家庭经济压力问卷，共 4 个题项，题项从衣、食、住、行 4 个方面对家庭经济压力进行测量①。包括 4 个题项，要求被试报告最近 12 个月以来家庭出现经济压力的频率。采用李克特 5 点计分法，1 表示"从不"，2 表示"很少"，3 表示"偶尔"，4 表示"经常"，5 表示"总是"，计算 4 个项目的平均分，分数越高表明家庭经济压力越大。

---

① 王建平，李董平，张卫. 家庭经济困难与青少年社会适应的关系：应对效能的补偿、中介和调节效应 [J]. 北京师范大学学报（社会科学版），2010（4）：22–32.

（2）心理一致感。重点选用了由 Antonovsky 编制，包蕾萍、刘俊升等修订的心理一致感量表简表（SOC-13），包括可控制感、可理解感和意义感三个维度①。可控制感是指人们认为他们有足够的（内部和外部）资源来满足他们的需求的程度，可理解感是指人们对生活事件的理解程度，意义感代表了动机的来源，即人们认为生活有情感意义的程度，所面临的问题被视为挑战而不是障碍。量表由 13 个题项构成，包括"你是不是常常觉得自己对周围发生的事并不关心""你本来以为很了解的人结果做出了让你吃惊的行为，这种情况在过去是不是经常发生"等。采用 1 至 7 级由低到高排序赋值，以此测量个体心理一致感，即得分越高代表心理一致感水平越高。

（3）社会适应。采用郭成等人修订的少年儿童社会适应量表测量留守儿童的社会适应，将农村留守儿童的社会适应划分为个性宜人、人际和谐、学习自主、观点接纳、集体融入、生活独立和环境满意 7 个维度。个性宜人体现为开朗活泼等个性品质和状态；人际和谐体现为与同学朋友间的人际友好状态，以及协调人际矛盾的能力；学习自主体现为能够主动寻求学习方法，独立自主完成作业等学习态度和状态；观点接纳体现为能够理解并接纳不同的观念和方法；集体融入体现为参与活动的意愿和状态；生活独立体现为独立生活的能力和生活独立的状态；环境满意体现为对班级、学校、社会等生活环境的满意态度。量表包含 35 个题项和 2 个测谎题。采用李克特 5 点计分法，量表得分越高说明农村留守儿童社会适应水平越高。

（4）控制变量。根据以往研究经验，本研究将人口统计学变量作为控制变量，具体包括：性别、年龄、寄宿状况、独生子女、留守类别等数据②。其中，性别、寄宿状况、独生子女和留守类别是定类变量，年龄为连续变量。

（三）模型构建

结构方程模型包括测量方程和结构方程。模型（1）为结构方程，模型（2）和模型（3）为测量模型。具体方程如下：

---

① 包蕾萍，刘俊升，周颖．心理一致感量表（SOC-13）的信、效度初步研究［J］．中国心理卫生杂志，2006（5）：299 – 301.

② 侯珂，刘艳，屈智勇，等．留守对农村儿童青少年社会适应的影响：倾向值匹配的比较分析［J］．心理发展与教育，2014（6）：646 – 655.

$$\eta = \beta\eta + \Gamma\xi + e_1 \tag{1}$$

$$\gamma = \Lambda\gamma\eta + e_2 \tag{2}$$

$$\chi = \Lambda\chi\xi + e_3 \tag{3}$$

其中，η 为潜变量的内生部分，β 为潜变量中内生部分之间的关系系数，Γ 为潜变量的外生部分对内生部分的影响系数，ξ 为潜变量的外生部分，$e1$ 为结构方程模型的回归残差，γ 为观测变量的内生部分，$\Lambda\gamma$ 为 γ 在 η 上的因子符合矩阵，$e2$ 为内生观测变量的回归残差，χ为观测变量的外生部分，$\Lambda\chi$为χ在 ξ 上的因子符合矩阵，$e3$ 为内生观测变量的回归残差。

（四）实证结果与分析

1. 共同方法偏差与信效度分析

对于家庭经济压力、心理一致感与社会适应共计 3 个变量和指标，首先在本文中引入 Harman 单因素法将各变量放到一个探索性因素分析中，检验未经旋转的因素分析。结果显示，特征根大于 1 的因子共 12 个，且第一个因子解释变异量为 24.87%，小于 40% 的临界点，由此推断，本研究不存在共同方法偏差问题。通过引入 AMOS 23.0 对数据和心底的因子进行析出测试，对变量的信度和效度进行检验。在变量的信度检验上，采用 Cronbach's Alpha 信度系数来判断，一般应大于 0.7 才显示具有良好的信度。由表 3 - 5 可知，在本研究中，家庭经济压力、心理一致感与社会适应 Cronbach's Alpha 系数最大为 0.940，最小为 0.715，均大于 0.7 的临界点，表明变量具有良好的内部一致性信度。变量的效度检验上，采用聚合效度和区分效度来判断。其中，聚合效度指的是看起来差异很大的观察变量有没有可能全部用来测量和评估一个相同的潜变量，一般可用标准化因素负荷，合成效度（CR）和平均方差提取（AVE）来衡量①。在本研究中，合成效度（CR）最大为 0.923，最小为 0.844，均大于 0.7 的临界点；平均方差提取（AVE）最大为 0.644，最小为 0.616，均大于 0.5 的临界点，表明各个变量聚合效度符合要求。区别效度是指本身差异很大的潜变量之间是否存在巨大的不同，在本研究中，每个潜变量的平均方差提取（AVE）数值进行平方根运算

---

① 林晓娜，王浩. 社会认同感与新生代农民工反生产行为的关系检验 [J]. 统计与决策，2019（23）：109 - 113.

之后所得的数值均大于变量之间的标准化相关系数，说明问卷的区分效度较好。因此，家庭经济压力、心理一致感和社会适应的有关信效度指标和参数都在可接受的程度之上，变量自身的内在质量表现理想。

表 3 - 5　各潜变量的 AVE 和聚合指标

变　　量	Cronbach's α	AVE	CR	家庭经济压力	心理一致感	社会适应
家庭经济压力	0.788	0.616	0.865	0.785		
心理一致感	0.715	0.644	0.844	- 0.267***	0.802	
社会适应	0.940	0.633	0.923	- 0.241***	0.440***	0.796

注：对角线上的数据为 AVE 的平方根，对角线以下数据为变量间的相关系数；* 表示 $P < 0.10$，** 表示 $P < 0.05$，*** 表示 $P < 0.01$，下同。

（1）模拟拟合和假说检验

在进行假说检验之前先通过 AMOS 23.0 软件对模型进行拟合度检验。从表 3 - 6 可知，CMIN/DF 为 2.470，小于 3 以下标准；SRMR 为 0.045，小于 0.08 以下标准；RMSEA 为 0.063，小于 0.08 以下标准；GFI、AGFI、NFI、IFI、TLI、CFI 均达到了大于 0.9 的标准，各项拟合指数都满足评价的标准，说明实证数据与假说具有非常理想的拟合度。

表 3 - 6　结构方程模型拟合度检验

模型拟合指标	最优标准值	统计值	是否符合标准
CMIN	—	182.755	—
DF	—	74.000	—
CMIN/DF	< 3.000	2.470	符合
SRMR	< 0.080	0.045	符合
GFI	> 0.800	0.931	符合
AGFI	> 0.800	0.903	符合
NFI	> 0.900	0.919	符合
IFI	> 0.900	0.950	符合
TLI	> 0.900	0.938	符合
CFI	> 0.900	0.950	符合
RMSEA	< 0.080	0.063	符合

由于模型的拟合效果较好，采用回归分析来验证前文提出的研究假说，并通过标准化路径系数来测度各因子的影响程度。表 3-7 和图 3-1 报告了结构方程模型的检验结果，家庭经济压力在 5% 水平上对农村留守儿童社会适应有显著负影响，标准化回归系数达到 -0.136，说明家庭经济压力越大，农村留守儿童社会适应越低，假说 1 成立；家庭经济压力在 1% 水平上对农村留守儿童心理一致感有显著负影响，标准化回归系数达到 -0.304，说明家庭经济压力越大，农村留守儿童心理一致感越低，假说 2 成立；心理一致感在 1% 水平上对农村留守儿童社会适应有显著正影响，标准化回归系数达到 0.515，说明心理一致感越好，农村留守儿童社会适应越高，假说 3 成立。

表 3-7 标准化路径系数

路径	标准化路径系数	S. E.	C. R.	P	假说
家庭经济压力→心理一致感	-0.304 ***	0.175	-4.004	0.000	成立
心理一致感→社会适应	0.515 ***	0.132	5.909	0.000	成立
家庭经济压力→社会适应	-0.136 **	0.204	-2.316	0.021	成立

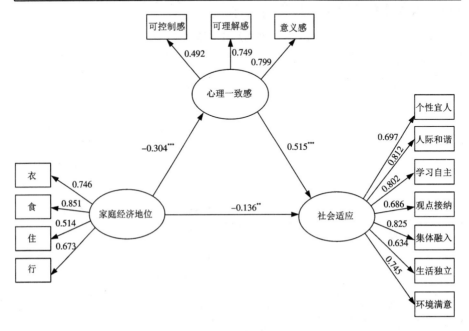

图 3-1 影响因子模型因果关系图

（2）心理一致感的中介作用

运用偏差校正的百分位 Bootstrap 法对上述关系的 95% 置信区间进行检验。检验结果表明，偏差校正区间不包括 0，在不考虑心理一致感中介变量的情况下，家庭经济压力对农村留守儿童社会适应的影响大小为 - 1.018，在增加心理一致感变量后，家庭经济压力对农村留守儿童社会适应的影响减小为 - 0.473，心理一致感为部分中介效应，其影响大小为 - 0.545，说明心理一致感可以抵消家庭经济压力对农村留守儿童社会适应的负面效应，且效果显著。

表 3 - 8　中介效应显著性检验的 Bootstrap 分析

路径	效应值	Bias-corrected 95% CI		
		Lower	*Upper*	*P*
家庭经济压力→心理一致感→社会适应	- 0.545 ***	- 0.912	- 0.297	0.000
家庭经济压力→社会适应	- 0.473 **	- 0.914	- 0.040	0.032
总效应	- 1.018 ***	- 1.514	- 0.631	0.000

第三节　留守经历与青年大学生社会适应：心理资本和安全感的链式中介作用

一、引言

我国经济的快速发展和城市化不仅造就了大量的农村留守儿童，也造就了大量有留守经历的青年大学生。在城乡分野和阶层分化的背景下，有幸进入大学的农村留守儿童不仅处于经济上的弱势地位，文化所具有的趣味区隔功能亦使得农村文化难以发挥资本的作用，导致有留守经历的青年大学生长期以来一直存在我国的社会问题序列中，对国家未来的人口素质、发展水平及整个社会的稳定带来了一定的影响。究其原因，我国的城市化发展与发达国家还有较大的水平差距，农村在发展水平上落后于城市的状态也并不是短时期内可以消除的①。由此，在留守经历青年大学生现象长期存在的现实背景下，针对留守经历青年大学生社会化发展提供系统支持的理论和实践经验，可以帮助我们获得更深刻的认识。

回顾学术界关于留守经历青年大学生社会化发展的研究，主要有三种视角。一是从家庭功能理论视角下分析家庭内的社会化过程：研究大多认为虽然父母外出务工增加了家庭收入，并对留守经历青年大学生教育实施和饮食营养有正向作用；但总体而言，现有研究结论倾向于家庭功能不足或缺失导致的认知与情感发展问题会对留守经历青年大学生的外显行为和内隐心理产生消极效应。二是从生态系统理论视角出发分析家庭外的社会化过程：研究将留守经历青年大学生嵌套于社会环境系统中探讨其社会化发展问题，并认为留守经历青年大学生的发展是微观系统（家庭、学校和同伴等）、中间系统（社区、村庄和城镇）、外层系统（父母亲外出务工环境）和宏观系统（社会文化环境）四个系统相互作用的结果②。三是从生命历程理论视角出发分析青年大学生童年期留守经历对其未来社会化发展的影响：研究认为留守经历作为儿童时期的生命事件，其对儿童发展的影响，不仅是作用于儿童时期，还会对其成年、婚姻、父母身份到老年等各个生命历程产生不同程度的影响③。

综上，关于留守经历青年大学生社会化发展相关研究，学术界形成了较为丰富的成果，但在以下三方面仍然存在较大扩展空间：其一，留守经历问题研究的样本时序多限于留守期间，鲜有关注留守经历对儿童留守期间后的心理问题；其二，以往研究多遵循消极心理学研究取向，从负向或病理的角度考察留守儿童心理发展问题，但现有研究应充分重视积极心理资源对个体发展的促进作用，避免留守经历大学生出现"问题青年"污名化的嫌疑；其三，鲜有研究深入探讨留守经历青年大学生心理健康问题的

① 赵磊磊，王依杉. 农村留守儿童学校适应的问题分析及治理对策 [J]. 当代教育科学，2018（1）：81-84.

② 麻丽丽，许学华，李颖. 生态心理学视角下留守儿童问题研究 [J]. 教育理论与实践，2018（2）：24-26.

③ 杨汇泉，朱启臻. 农村留守儿童家庭抚育策略的社会学思考——一项生命历程理论视角的个案考察 [J]. 人口与发展，2011（2）：63-72.

内在作用机制，多数研究着眼于简单描述和相关性研究，但难以反映留守经历青年大学生所面临的诸多层次生态系统影响因素。鉴于此，本研究探讨早期留守经历对留守经历青年大学生社会适应的影响及其形成的可能内在机制具有重要的理论价值和现实意义。

二、理论分析与研究假说

（一）留守经历与青年大学生社会适应

学术界目前对童年留守经历的不良影响认识存在争论。其一，从消极心理学角度出发，认为父母外出务工会造成儿童监督和照顾的缺失，且感受到的父母情感温暖更少，由此给个体带来复杂的情感体验会对儿童成年后的就业质量、主观幸福感和人际交往等其他方面产生长期的消极影响。其二，从积极心理学角度出发，认为留守儿童自身存在着抵御消极效应的力量，并有着一种保持积极健康向上的自我形象需要，因而留守经历在某种程度上反而可能有利于激发个体内在的积极力量和优秀品质，帮助个体挖掘潜在的心理资源，从而导致留守经历甚至可能会对儿童的心理健康产生一定的积极影响。两种截然相反的争论同样存在于留守经历青年大学生社会化发展研究，但无论是消极心理学视角还是积极心理学视角都认同留守经历对个体社会化发展存在一定的消极效应。据此提出本文的第一个研究假说：

假说1：留守经历与青年大学生社会适应负相关，即留守经历会对青年大学生社会适应产生消极影响。

（二）心理资本的中介作用

心理资本是指个体在成长和发展过程中表现出的积极的心理状态或心理资源。无论是将心理资本视为一种心理资源还是仅仅视为一种心理状态，强调心理资本与家庭环境因素之间的联系都很重要。为发展儿童的心理资源，家庭系统必须完成一系列的任务，如应对和处理各种家庭突发事件或特定的生活事件等。而留守经历青年大学生由于童年期的亲子分离，与父母之间的互动长时间无法得到保障，在缺少父母持续而稳定的关爱后，往往需要调动更多的内在自我属性去应对各种压力所带来的不利，也势必会损耗更多的积极心理资源①。同时，心理资源贫乏的人可能缺乏必要的储备来管理压力，并且通过耗尽储备，加速资源的流失，并进入资源亏损螺旋之中。据此提出本文的第二个研究假说：

假说2：留守经历与青年大学生心理资本负相关，即留守经历会对青年大学生心理资本产生消极影响。

（三）研究设计

1. 数据来源

本文依托于国家社会科学基金项目"健康红利视角下体育参与促进农村留守儿童社会适应的实证研究"（18BTY102），采用随机抽样的方法从中部地区多所高校以班级为单位整群随机抽取在校大学生，发放并回收问卷846份，剔除无关样本和缺失样本后，得到有效样本746份，问卷有效率为88.18%。其中，男生330人（44.24%），女生416人（55.76%）；独生子女160人（21.45%），非独生子女586人（78.55%）；有留守经历者357人（47.86%），无留守经历者389人（52.14%）。有留守经历青年大学生的留守情况见表3-9。

表3-9　有留守经历青年大学生留守情况（$N=357$）

变量	类别	人数（比例）
留守开始时间	小学前	159（44.54%）
	小学阶段	160（44.82%）
	初中阶段	33（9.24%）
	高中阶段	5（1.40%）
留守时长	6个月至1年	72（20.17%）
	1年至2年	51（14.29%）
	2年至3年	39（10.91%）
	3年至5年	54（15.13%）
	5年以上	141（39.50%）

---

① 范兴华，简晶萍，陈锋菊，等. 家庭处境不利与留守儿童心理适应：心理资本的中介 [J]. 中国临床心理学杂志，2018（2）：353-357.

2. 研究工具

（1）自编问卷

参考国内外文献资料，自编问卷包括一般人口学资料（如性别、年龄、家庭类型和城乡来源等）和留守情况（如成长过程中是否有留守经历、留守开始阶段、留守时长和留守期间分离人等）。本研究将留守经历定义为在16周岁之前农村地区由于父母一方或双方在外地工作或外出打工，离家时间持续6个月以上，而被留在农村交由父母单方、其他长辈、他人或自我来照顾、教育和管理的经历①。

（2）社会适应问卷

社会适应问卷由方从慧编制，包含学习适应、未来适应、环境适应、心理适应和人际适应五个维度②。其中，学习适应是指对与高中阶段不同的大学学习方式、学习内容等的适应，未来适应是指对社会要求和就业准备上的适应，环境适应是指对校园物理、文化环境和需要相对自立的大环境适应，心理适应是指在心理上对大学校园学习和生活上的适应，人际适应是指大学生在人际相处、人际交往等内容的适应③。问卷由23个题项构成，采用Likert 5分制评分标准，对应分值分别为1~5分，得分越高，表明个体对应维度水平越高。在本研究中，问卷的Cronbach's Alpha系数为0.900，说明该问卷具有良好的信度。

（3）积极心理资本量表（PPQ）

积极心理资本量表由张阔编制，包含自我效能、韧性、希望和乐观四个维度④。其中，自我效能是指个体有胜任任务的自信，能面对挑战并力争成功；韧性是指个体能从逆境、挫折和失败中快速恢复过来，甚至积极转变和成长；希望是指通过各种途径努力实现预定目标的积极动机状态；乐观是指个体具有积极的归因方式，并对现在和未来持积极态度⑤。量表共20

---

① 万娇娇，纪莉莉，吴丽娜，等. 农村留守初中生亲子亲合与安全感的关系：一项交叉滞后研究 [J]. 心理与行为研究，2021，19（4）：500－506.

② 方从慧. 当代大学生社会适应现状调查研究 [D]. 重庆：西南大学，2008.

③ 方从慧. 当代大学生社会适应现状调查研究 [D]. 重庆：西南大学，2008.

④ 张阔，张赛，董颖红. 积极心理资本：测量及其与心理健康的关系 [J]. 心理与行为研究，2010，8（1）：58－64.

⑤ 张阔，张赛，董颖红. 积极心理资本：测量及其与心理健康的关系 [J]. 心理与行为研究，2010，8（1）：58－64.

个条目，采用 Likert 5 分制评分标准，对应分值分别为 1~5 分，得分越高，表明个体对应维度水平越高。在本研究中，量表的 Cronbach's Alpha 系数为 0.938，说明该量表具有良好的信度。

（4）安全感量表（SQ）

安全感量表由丛中、安莉娟编制，包含人际安全感和确定控制感两个维度①。其中，人际安全感是指个体对于人际交往过程中的安全体验，确定控制感是指个体对于生活的预测和确定感、控制感。量表共 16 个条目，采用 Likert 5 分制评分标准，对应分值分别为 1~5 分，得分越高，表明个体对应维度水平越高。在本研究中，量表的 Cronbach's Alpha 系数为 0.945，说明该量表具有良好的信度。

3. 施测过程

本研究采用问卷调查法收集数据。施测前，由事先经过严格培训的研究生和辅导员担任主试，在取得学校领导和参与者本人的知情同意后自愿作答。学生作答问卷时，由主试朗读指导语，并要求被试根据自己的实际情况独立作答。指导语包括本次调查的意义、研究目的的说明、如何填写表格的说明以及研究的匿名性和保密原则等。施测完成后由主试统一回收问卷，施测过程中除主试外其他教师均不在场。同时，没有任何证据表明参与者在问卷题项方面存在任何困难，说明参与者可以根据实际情况进行有效作答。

4. 统计分析

研究采用社会统计分析软件 SPSS 25.0 对数据进行统计分析，分析策略和操作流程如下：第一步，将各变量放到一个探索性因素分析中，对可能存在的共同方法偏差问题进行统计检验；第二步，对调查数据进行描述性统计和相关性分析，符合正态分布的计量资料用（$M \pm SD$）表示，计数资料采用百分比表示；第三步，使用 SPSS Process 组件进行链式中介检验和 Bootstrap 分析（95% 置信区间），设定 $P < 0.05$ 为统计结果具有统计学意义。

---

① 丛中，安莉娟. 安全感量表的初步编制及信度、效度检验 [J]. 中国心理卫生杂志，2004 (2)：97–99.

（四）实证结果与分析

1. 共同方法偏差检验

为了控制常见的方法偏差，通常使用两种方法：程序控制和统计控制。在程序控制方面，本研究匿名测量、部分内容反向等测量措施从程序上控制共同方法偏差。在统计控制方面，对收集的数据采用 Harman 单因素法进行共同方法偏差检验，将社会适应、安全感和积极心理资本等变量都放到一个探索性因素分析中，检验未经旋转的因素分析。结果显示特征根大于 1 的因子共 12 个，且第一个因子解释变异量为 25.28%，小于 40% 的临界点，可见本研究不存在共同方法偏差问题①。

2. 有无留守经历青年大学生各量表得分比较

采用独立样本 t 检验对有无留守经历青年大学生的社会适应、安全感和心理资本得分进行比较发现：有留守经历青年大学生心理资本总得分显著低于无留守经历青年大学生（$P < 0.01$），有留守经历青年大学生安全感总得分显著低于无留守经历青年大学生（$P < 0.01$），有留守经历青年大学生社会适应总得分显著低于无留守经历青年大学生（$P < 0.01$）。由此可见，留守经历会对青年大学生社会适应、安全感和心理资本产生一定的消极影响，有留守经历青年大学生心理健康水平显著低于没有留守经历的青年大学生。青年大学生各量表得分比较见表 3 - 10。

表 3 - 10　有无留守经历青年大学生各量表得分比较（$M \pm SD$）

类别	统计值	心理资本	安全感	社会适应
留守经历		115.82 ± 20.61	50.52 ± 13.12	78.29 ± 11.15
非留守经历		123.24 ± 22.62	55.25 ± 13.00	81.62 ± 13.13
	t 值	-4.671^{***}	-4.944^{***}	-3.719^{***}
	P 值	0.000	0.000	0.000

注：（1）将留守经历虚拟编码（0 为无留守经历，1 为有留守经历）；（2）* 为 $P < 0.05$，** 为 $P < 0.01$，*** 为 $P < 0.001$，下同。

---

① 周浩，龙立荣. 共同方法偏差的统计检验与控制方法 [J]. 心理科学进展，2004 (06)：942 - 950.

3. 各变量描述性统计结果

通过计算青年大学生留守经历、社会适应、安全感与心理资本的 Pearson 相关系数，我们得出以下结果：留守经历与青年大学生心理资本、安全感和社会适应呈显著负相关（$P < 0.001$）；心理资本与青年大学生安全感、社会适应呈显著正相关（$P < 0.001$）；安全感与青年大学生社会适应呈显著正相关。由此可见，心理资本越强，青年大学生安全感和社会适应越强；心理资本越弱，青年大学生安全感和社会适应越弱。各变量描述统计与相关性分析见表 3-11。

表 3-11　各变量描述统计与相关性分析

变量	留守经历	心理资本	安全感	社会适应
留守经历	1			
心理资本	-0.169***	1		
安全感	-0.178***	0.468***	1	
社会适应	-0.135***	0.440***	0.492***	1
M	0.48	119.69	52.98	80.03
SD	0.50	21.98	13.26	12.33

4. 模型拟合和假说检验

链式中介涉及多步中介检验，因此本研究依照 Preacher 和 Hayes 的建议使用 Bootstrap 程序进行中介效应检验，采用 SPSS Process 组件模型 6 对心理资本和安全感在留守经历与青年大学生社会适应之间的链式中介效应进行检验。以留守经历为自变量，社会适应为因变量，安全感和心理资本为中介变量，依次将所有变量带入回归方程。结果表明：留守经历在 1% 水平对青年大学生社会适应具有显著负向影响，说明留守经历会对青年大学生社会适应产生消极影响，假说 1 得到验证。留守经历在 1% 水平上对青年大学生心理资本具有显著负向影响，说明留守经历会对青年大学生心理资本产生消极影响，假说 2 得到验证。心理资本在 1% 水平上对青年大学生社会适应具有显著正向影响，说明良好的心理资本会对青年大学生社会适应产生积极影响，假说 1 得到验证。留守经历在 1% 水平上对青年大学生安全感具有显著负向影响，说明留守经历会对青年大学生安全感产生消极影响，假说 1 得到验证。安全感在 1% 水平上对青年大学生社会适应具有显著正向影响,说明良好的安全感会对青年大学生社会适应产生积极影响,假说 2 得到验证。心理资本在 1% 水平上对青年大学生心理资本具有显著正向影响,说明良好的心理资本会对青年大学生安全感产生积极影响,假说 2 得到验证。

表 3 - 12　链式中介模型中变量关系的回归分析

回归方程		整体拟合指数			回归系数显著性		
结果变量	预测变量	R	R^2	F 值	β	t 值	P 值
社会适应	留守经历	0.135	0.018	13.828	-0.270	-3.719***	0.000
心理资本	留守经历	0.169	0.029	21.817	-0.338	-4.671***	0.000
安全感	留守经历	0.479	0.229	110.486	-0.205	-3.130**	0.002
	心理资本				0.451	13.795***	0.000
社会适应	留守经历	0.546	0.299	105.249	-0.051	-0.814	0.416
	心理资本				0.266	7.598***	0.000
	安全感				0.363	10.354***	0.000

Bootstrap 抽样获取置信区间结果表明,心理资本的中介效应值在 5% 水平上显著有别于 0,表明该效应在统计上具有显著性,效应值大小为 -0.090,说明心理资本可以显著抵消留守经历对青年大学生社会适应的部分负面效应;安全感的中介效应值在 5% 水平上显著有别于 0,表明该效应在统计上具有显著性,效应值大小为 -0.074,说明安全感可以显著抵消留守经历对青年大学生社会适应的部分负面效应;心理资本和安全感的链式中介效应值在 5% 水平上显著有别于 0,表明该效应在统计上具有显著性,效应值大小为 -0.055,说明心理资本和安全感的链式中介可以显著抵消留守经历对青年大学生社会适应的负面效应。

表 3 - 13　中介效应显著性检验的 Bootstrap 分析

路径	效应值	标准误	Bias-corrected 95% CI	
			Lower	Upper
留守经历→心理资本→社会适应	-0.090	0.023	-0.137	-0.049
留守经历→安全感→社会适应	-0.074	0.026	-0.126	-0.026
留守经历→心理资本→安全感→社会适应	-0.055	0.014	-0.084	-0.031
总间接效应	-0.219	0.040	-0.298	-0.142

三、结论

本研究通过构建结构方程模型，从生态系统理论、家庭功能理论、社会支持理论和生命历程的视角研究农村留守儿童社会适应的影响机制。结论如下：

①在对社会支持、自尊和社会适应影响关系进行实证分析后发现：首先，社会支持对农村留守儿童自尊和社会适应具有显著正向影响。根据社会支持的主效应模型和缓冲效应机制，社会支持对农村留守儿童自尊、社会适应具有普遍的增益作用，当农村留守儿童面对压力、挑战时，社会支持可以起到缓冲作用，帮助农村留守儿童降低压力事件引发的心理健康问题。其次，自尊在社会支持对农村留守儿童社会适应的影响中起部分中介作用。根据马斯洛需求层次理论，农村留守儿童社会适应不仅需要满足基本的生理需求、安全需求，同时也需要满足归属需要、尊重需要和自我实现需要，作为自我系统的核心组成部分之一，高自尊可视为一种"保护性因素"，它对个体的认知、动机、情绪和行为规范有着广泛的影响，是个体社会行为的主要驱动力，对农村留守儿童具有一定的保护作用，提示社会、家庭及学校在发展农村留守儿童社会适应过程中需要注意农村留守儿童自尊的发展。

②在对家庭经济压力、心理一致感和社会适应的影响关系进行实证分析后发现：第一，家庭经济压力对农村留守儿童社会适应具有显著负向影响。当感知到家庭经济压力时，集体主义思想和家庭责任感会促使农村留守儿童出现抑郁或焦虑等内化问题行为，进而间接影响农村留守儿童的社会适应。同时，家庭经济压力越大，意味着家庭资源需要更多地向家庭生活需要倾斜，而没有时间和资源投入农村留守儿童的社会化发展中。第二，家庭经济压力对农村留守儿童心理一致感具有显著负向影响。作为一种积极的内在心理品质，心理一致感可以发挥压力缓解的作用。同时，家庭经济压力隶属于普遍性的抗拒不足，虽然可以为农村留守儿童心理一致感的发展提供特殊的养分，但随着家庭经济压力的增大，心理一致感本身也会随之受到较大影响。第三，心理一致感在家庭经济压力对农村留守儿童社会适应的影响中起部分中介作用。家庭经济压力会对农村留守儿童的社会

适应产生一定的影响，但良好的心理一致感会帮助农村留守儿童采取积极的策略来解决在生活中所遇到的困难，并认为生活中的事件是可以理解和管理的，所面临的问题也将被视为挑战而不是障碍，从而识别和（再）利用资源来改变农村留守儿童对生活的看法。

③在对留守经历与青年大学生社会适应关系研究中发现：第一，留守经历与青年大学生社会适应具有显著负向相关，但在纳入心理资本和安全感变量后，留守经历对青年大学生社会适应的直接效应并不显著，表明青年大学生的留守经历与社会适应具有重要的关联，但消极的生活经历不一定会影响青年大学生的社会适应，一些积极的心理资源可以帮助青年大学生克服消极生活经历所带来的影响。第二，心理资本在留守经历与青年大学生社会适应之间起部分中介效应。留守经历青年大学生在面对各种压力源的负面影响时，往往需要调动更多的内在自我属性来进行应对，但也势必会损耗更多的积极心理资源；反之，心理资本贫乏的青年大学生则往往缺乏必要的积极心理资源储备来管理压力，无法有效应对他们遇到的风险和危机，进而影响其社会适应。第三，安全感在留守经历与青年大学生社会适应之间起部分中介效应。留守经历青年大学生在留守时期由于缺乏父母亲照顾，家庭亲密度低，容易缺乏安全感，而安全感的发展具有一定的延续性，因此留守经历会对青年大学生安全感产生消极影响；同时，安全感较低的青年大学生往往会感受到更高的抑郁和孤独感等负面情绪，导致其人际交往与社会联结状况不良。第四，心理资本和安全感在留守经历与青年大学生社会适应之间起链式中介作用。心理资本是青年大学生安全感的保护性因素，心理资本的提升，可以改善青年大学生对生活状况的认识和忍受挫折与困难的能力，从而在消极事件或消极环境与青年大学生安全感的关系中起到缓冲作用。

第四章
体育参与促进农村留守儿童社会适应的实证研究

第一节　体育锻炼对农村留守儿童社会适应的影响

在影响农村留守儿童心理健康的各种因素中，体育锻炼的积极效应得到了越来越多的关注。研究者指出，个体在参与体育锻炼过程中，可以通过促进大脑多巴胺、内啡肽等脑化学物质的释放，调节身体的应激反应以及改善心血管健康等多种方式提高心理健康。但相关研究较少探讨体育锻炼对农村留守儿童社会适应的影响，因此还没有直接证据表明体育锻炼和社会适应之间存在密切关系。少数研究对两者之间的关系提供了一些证据，例如，Chole 等对 4 岁以上儿童的体育参与与社会感知能力进行为期 4 年的追踪研究发现，参与体育运动的程度越高，男性和女性从儿童后期到青少年早期的 4 年时间里社会感知能力都会持续增加。LaJeana 等研究了儿童参与课外体育活动对社会行为的影响，参与课外体育活动的儿童社交技能、学习成绩及问题行为明显优于参与体育活动较少的儿童。因此，本研究拟探讨体育锻炼对农村留守儿童社会适应的影响，并试图揭示其中的机制。

一、研究对象与方法

（一）研究对象

本研究对湖南省两所农村学校的 4~5 年级学生进行调查，发放 500 份问卷，回收有效问卷 476 份，有效回收率 95.20%，其中农村留守儿童 226 人，包括 110 名男生和 116 名女生。问卷调查经学校和监护人同意后，在班级进行统一发放，所有调查对象均为自愿参与。

（二）研究工具

1. 体育活动等级量表

采用梁德清编制的《体育活动等级量表》（Physical Activity Rating Scale-3，PARS-3）进行测量。量表包括三个题目，分别考察运动强度、运动时间和运动频率，其中运动强度和运动频率等级分为 1 ~ 5 级，计 1 ~ 5 分，运动时间计 0 ~ 4 分，运动量为运动强度、运动时间和运动频率三者计分的乘积，运动量最低分为 0 分，最高分为 100 分。

2. 社会支持评定量表

采用刘霞等修订的《社会支持评定量表》进行测量。量表包括 11 个题目、三个维度：主观支持、客观支持和支持利用度。个体得分越高，说明个体所获得的社会支持程度越高。在本研究中，量表的克隆巴赫系数为 0.742。

3. 少年儿童社会适应量表

采用由胡韬所编制的《少年儿童社会适应量表》进行测量。量表共 48 个题目（8 个测谎题目），包含 3 个二阶维度和 8 个一阶维度，其中 3 个二阶维度为学习与学校适应、生活与活动适应和社会关系与观念适应，8 个一阶维度为学习自主、生活独立、活动参与、环境满意、人际友好、人际协调、社会认同和社会活力，量表采用 5 点计分，得分越高，代表对应维度得分越高。在本研究中，量表的克隆巴赫系数为 0.948。

（三）数据处理

采用 SPSS 25.0 和 AMOS 23.0 软件对所有研究数据进行分析。统计分析包括三个步骤：首先，采用 SPSS 25.0 软件对收集的数据运用 Harman 单因素法进行共同方法偏差检验；其次，采用 SPSS 25.0 软件对相关变量进行描述性统计、相关性分析；最后，利用 AMOS 23.0 软件进行多重中介效应检验。

二、结果

（一）共同方法偏差检验

为了避免共同方法偏差问题，研究采用匿名测量和部分问题反向计分对测试过程进行控制。其次，研究将收集到的数据进行 Harman 单因素法检验。结果显示，特征根大于 1 的因子共 14 个，且第一个因子解释变异量为27.27%，小于 40% 的临界点，表明本研究不存在共同方法偏差问题。

（二）相关性分析

采用 SPSS 25.0 软件对农村留守儿童体育锻炼、社会支持和社会适应进行相关性分析。结果显示，体育锻炼与农村留守儿童社会适应之间具有显著相关性（$r = 0.191$，$P < 0.01$）；体育锻炼与农村留守儿童社会支持之间具有显著相关性（$r = 0.188$，$P < 0.01$）；社会支持与农村留守儿童社会适应之间具有显著相关性（$r = 0.507$，$P < 0.01$）。进一步相关分析表明主观支持、支持利用度与农村留守儿童社会适应呈正相关（均 $P < 0.01$），客观支持与社会适应不相关，见表 4-1。

表 4-1 本研究各变量之间的相关性及均值和标准差

变量	1	2	3	4	5	6	7	8	9
1. 体育锻炼	1								
2. 社会支持	0.188**	1							
3. 社会适应	0.191**	0.507***	1						
4. 客观支持	0.111	0.824***	0.298***	1					
5. 主观支持	0.177**	0.855***	0.480***	0.490***	1				
6. 支持利用度	0.180**	0.682***	0.479***	0.372***	0.482***	1			
7. 运动强度	0.591***	0.169*	0.185**	0.062	0.157*	0.233***	1		
8. 持续时间	0.785***	0.237***	0.167***	0.204**	0.175**	0.195**	0.363***	1	
9. 锻炼次数	0.489***	0.207**	0.306***	0.138*	0.167*	0.217**	0.092	0.353***	1

注：* 为 $P < 0.05$，** 为 $P < 0.01$，*** 为 $P < 0.001$。

（三）社会支持三维度多重中介效应分析

由于主观支持与体育锻炼不存在相关关系，因此研究将不对客观支持进行中介效应进行检验，只对主观支持和支持利用度进行中介效应分析，结果如下。

1. 主观支持在体育活动与社会适应中的中介效应

先通过 AMOS 23.0 软件对模型进行拟合度检验。结果显示，模型拟合良好，$CMIN/DF$ 为 2.637，小于 5 以下标准，$SRMR$ 为 0.038，$RMSEA$ 为 0.085，$GFI=0.927$、$NFI=0.935$、$IFI=0.958$、$TLI=0.944$、$CFI=0.958$，各项拟合指数都满足评价的标准。具体见表 4-2。

表 4-2　结构方程模型拟合度检验

模型拟合指标	最优标准值	统计值	是否符合标准
$CMIN$	—	89.655	—
DF	—	34	—
$CMIN/DF$	<3.000	2.637	符合
$SRMR$	<0.080	0.038	符合
GFI	>0.900	0.927	符合
NFI	>0.900	0.935	符合
IFI	>0.900	0.958	符合
TLI	>0.900	0.944	符合
CFI	>0.900	0.958	符合
$RMSEA$	<0.080	0.085	符合

运用偏差校正的百分位 Bootstrap 法对主观支持在体育锻炼与社会适应之间关系进行中介效应检验，样本量选择 2000，如果 95% 置信区间不包括 0，则表明中介效应显著。结果显示，体育锻炼对社会适应的总效应为 0.035（95% CI：0.012~0.058），体育锻炼通过主观支持对社会适应间接效应的 95% CI 为 0.003~0.031，不包括 0，说明主观支持的中介效应显著，且中介效应大小为 0.015。因此，主观支持在体育锻炼对社会适应的影响中起到中介作用。具体见表 4-3。

表 4-3　中介效应显著性检验的 Bootstrap 分析

路径	效应值	Bias-corrected 95% CI		
		Lower	*Upper*	P
体育锻炼→主观支持→社会适应	0.015	0.003	0.031	0.006
体育锻炼→社会适应	0.020	−0.003	0.042	0.096
总效应	0.035	0.012	0.058	0.001

2. 支持利用度在体育活动与社会适应中的中介效应

先通过 AMOS 23.0 软件对模型进行拟合度检验。结果显示，模型拟合良好，*CMIN/DF* 为 2.457，*SRMR* 为 0.037，*RMSEA* 为 0.080，*GFI* = 0.929、
NFI = 0.939、*IFI* = 0.963、*TLI* = 0.950、*CFI* = 0.962，各项拟合指数都满足
评价的标准。具体见表 4 - 4。

表 4 - 4　结构方程模型拟合度检验

模型拟合指标	最优标准值	统计值	是否符合标准
CMIN	—	83.538	—
DF	—	34	—
CMIN/DF	<3.000	2.457	符合
SRMR	<0.080	0.037	符合
GFI	>0.900	0.929	符合
NFI	>0.900	0.939	符合
IFI	>0.900	0.963	符合
TLI	>0.900	0.950	符合
CFI	>0.900	0.962	符合
RMSEA	<0.080	0.080	符合

运用偏差校正的百分位 Bootstrap 法对支持利用度在体育锻炼与社会适
应之间关系进行中介效应检验，样本量选择 2000，如果 95% 置信区间不包
括 0，则表明中介效应显著。结果显示，体育锻炼对社会适应的总效应为
0.034（95% *CI*：0.013 ~ 0.059），体育锻炼通过支持利用度对社会适应间接
效应的 95% *CI* 为 0.001 ~ 0.030，不包括 0，说明支持利用度的中介效应显
著，且中介效应大小为 0.015。因此，支持利用度在体育锻炼对社会适应的
影响中起到中介作用。具体见表 4 - 5。

表 4 - 5　中介效应显著性检验的 Bootstrap 分析

路径	效应值	Bias-corrected 95% *CI*		
		Lower	*Upper*	*P*
体育锻炼→支持利用度→社会适应	0.015	0.001	0.030	0.030
体育锻炼→社会适应	0.020	- 0.001	0.040	0.065
总效应	0.034	0.013	0.059	0.001

三、结论

（一）农村留守儿童体育锻炼、社会支持与社会适应之间的关系

相关分析表明，农村留守儿童体育锻炼与社会支持总分、主观支持、支持利用度显著正相关，与客观支持相关不显著。体育锻炼、社会支持总分、主观支持、客观支持、支持利用度都与社会适应显著正相关。说明农村留守儿童体育锻炼水平越高，主观支持和支持利用度水平越高，社会适应水平也随之提高。研究证实了锻炼心理学中体育锻炼对社会支持、社会适应具有积极作用，也验证了健康心理学中社会支持的主效应模型，社会支持具有普遍的增益作用。进一步分析发现，体育锻炼对农村留守儿童社会支持的影响主要体现在主观支持、支持利用度两个维度。

（二）社会支持在体育锻炼促进农村留守儿童社会适应中的中介作用

研究结果表明，不同性质社会支持的中介作用不同。主观支持和支持利用度在体育锻炼促进农村留守儿童社会适应中存在中介作用，说明个体在参与体育锻炼后，能够感受到良好的主观支持，并提升对支持的良好利用，进而转化为社会适应的发展。首先，在体育锻炼过程中，体育锻炼为农村留守儿童提供了一个共同参与的平台，帮助农村留守儿童与其他个体共同参与活动，建立社交关系、培养友谊和促进社会互动，这种互动可以提供一种情感上的支持；其次，教师对农村留守儿童体育锻炼往往持支持态度，教师、教练等角色可以提供专业的锻炼支持和指导，农村留守儿童由于长时间的亲子分离，所获得的家庭支持有限，在这种情况下，教师、教练可以成为农村留守儿童的重要支持者，向农村留守儿童发起间接性补偿、替代性补偿。因此，体育锻炼促进农村留守儿童社会适应主要通过主观支持和提高支持利用度两方面。同时，这也提示在促进农村留守儿童社会适应过程中，体育锻炼具有不可忽视的作用，但在组织农村留守儿童体育锻炼过程中，不能仅仅停留在选择运动项目、强调运动强度和运动次数，更要注重对学生情感上的关怀、理解和支持，充分利用体育锻炼中提供的主观支持，减缓生活中所遭遇的压力、挑战。

研究研讨了社会支持在体育锻炼影响农村留守儿童社会适应的中介作用，揭示了体育锻炼通过提高农村留守儿童主观支持、支持利用度来改善

社会适应的中介作用机制，为全面揭示体育锻炼促进农村留守儿童社会适应的机制提供了良好的实践基础。但在后续研究中还需要注意本研究仅为横断研究，因此揭示的信息并不全面，仅在相关研究基础上探讨预测性结果，为探索变量之间的因果关系提供了实证研究支撑，未来的研究者应该通过纵向研究来更准确地测量农村留守儿童体育锻炼、社会支持及社会适应的发展过程。此外，本研究只考虑社会支持以及各维度在农村留守儿童体育锻炼与社会适应之间的中介作用，但现实生活中可能还会存在诸如应对方式、自我调节等其他中介变量，有待未来进一步研究。

第二节　篮球运动干预对农村留守儿童社会适应的影响

农村留守儿童社会适应问题是环境因素、生物因素和社会因素共同引起的，但确切原因尚未明确。体育活动被认为是预防突发公共卫生事件和社会健康管理系统的"第一道防线"。根据动作认知发展理论，动作是心理发展的源泉，是主客体相互作用的"媒介"[①]。经验性证据同样表明，规律的体育活动可在不同层面上提升个体的健康状态，在预防和矫正个人心理行为问题上发挥积极作用。说明体育活动不仅仅是一项娱乐活动，而且参与体育活动能够提供和创造更多与同伴进行交流、讨论等社会参与的机会，帮助个体融入社会、内化社会规范、提高个人思想价值观。受限于农村地区匮乏的体育设施和场地，选择适合农村留守儿童的体育活动干预尤为重要。篮球运动是我国广泛开展的一项集体性、合作性运动项目[②]，在农村地区具有良好的场地基础和师资保障，其训练内容丰富多样，练习形式多变，兼备趣味性和启示教育等特点。在此背景下，本研究以篮球运动为媒介探讨其社会适应效益及其机制。

---

① 唐代兴. 体育作为一种身体活动的内生动力与伦理意义 [J]. 上海体育学院学报，2020，44（8）：1-10.

② 朱风书，王叶，郑玥，等. 篮球运动干预对大学生攻击行为的影响：人际关系中介作用 [J]. 中国健康心理学杂志，2022，30（3）：457-465.

一、研究对象与方法

（一）研究对象

采用整群抽样对安徽省六安市、贵州省铜仁市、湖北省恩施土家族苗族自治州、江西省赣州市、湖南省湘西土家族苗族自治州、湖南省永州市、广西壮族自治区来宾市的七所农村小学进行问卷调查，筛选出农村留守儿童 220 名，再次以随机抽签的方式将 220 名农村留守儿童分为篮球运动实验组和常规教学实验组。所有被试自愿参加研究，知晓实验干预内容，所有受试农村留守儿童均由监护人签署"知情同意书"。

（二）实验方法

1. 实验设计

采用准实验设计中常见的非等价控制组前后测设计，选择 2 组基本相似的"非等效组"，其中一组为对照组，另一组为实验组，对照组不进行任何运动干预，按照正常的学习和生活计划进行，实验组根据实验计划在规定的时间进行实验因子干预，实验前测在开学第一周进行，采用《少年儿童社会适应量表》和《自尊量表》等对实验组和对照组进行测量，正式干预从第 2 周开始，持续 12 周，第 13 周进行后测。后测采取与前测相同的少年儿童社会适应量表和自尊量表。

2. 实验方案

课题组组织长沙市体育名师和篮球专业老师共同设计训练方案，编制实验教学教案，训练方案时间跨度 3 个月，每周 3 次训练课，共 36 次课，内容主要包括三个方面：理论知识、篮球技术（移动技术、运球技术、传接球技术、投篮技术等）与篮球战术（快攻、防守快攻、战术基本配合、人盯人防守、区域联防与进攻区域联防等），每次课分为开始部分（2 分钟）、准备部分（18 分钟）、基本部分（65 分钟）和结束部分（5 分钟），总共 90 分钟。

二、测量工具

（一）一般资料调查问卷

一般资料调查问卷。自编一般资料调查问卷，用于收集农村留守儿童的基本信息，包括性别、年龄、寄宿状况、独生子女、留守类别等数据。其中，性别、寄宿状况、独生子女和留守类别是定类变量，年龄为连续变量。

（二）少年儿童社会适应量表

采用由胡韬所编制的《少年儿童社会适应量表》。量表包括 8 个一阶因素（学习自主、生活独立、活动参与、环境满意、人际友好、人际协调、社会认同、社会活力）和 3 个二阶因素（学习与学校适应、生活与活动适应、社会关系与观念适应），共 48 个题项（含 8 个测谎题项），采用李克特 5 点计分制，从 1 "完全不符合" 到 5 "完全符合"。量表中得分越高，说明社会适应水平越高。在本研究中，量表的内部一致性信度 Cronbach 为 0.916。

（三）自尊量表

采用由 Rosenberg 编制，中国学者修订的中文版《自尊量表》。该量表共 10 个题项，正向计分 6 题，反向计分 4 题（考虑到东西方文化的差异，将第八题改为正向计分），1~4 级评分，从 1 "很符合" 到 4 "非常不符合"。所有条目之和为自尊的总分，总分越高表明自尊水平越高。在本研究中，量表的内部一致性信度 Cronbach 为 0.766。

（四）统计方法

采用 Excel 软件对农村留守儿童基本信息和社会适应等数据进行录入。采用 SPSS 25.0 进行统计分析，采用方差分析法考察农村留守儿童参与篮球运动后对自尊和社会适应的影响，变量之间进行皮尔逊相关分析以及共同方法偏差检验。使用 SPSS 宏程序 PROCESS 插件进行中介效应检验和 Bootstrap 分析，设定 $P < 0.05$ 具有统计学意义。

三、篮球运动干预对农村留守儿童社会适应实验结果

（一）同质性检验

为考察农村留守儿童实验组与对照组前测社会适应是否处于相同水平，对实验组和对照组前测社会适应各维度和社会适应总分进行同质性检验，结果显示：农村留守儿童自主学习（$t = 0.650$，$P = 0.517$）、环境满意（$t = -1.108$，$P = 0.269$）、活动参与（$t = -0.213$，$P = 0.832$）、生活动力（$t = -1.170$，$P = 0.243$）、人际友好（$t = -0.042$，$P = 0.967$）、社会认同（$t = 0.203, P = 0.839$）、社会活动（$t = -0.730$，$P = 0.466$）、人际协调

（$t = -0.961$，$P = 0.337$）、学习与学校适应（$t = -0.170$，$P = 0.865$）、生活与活动适应（$t = -0.821$，$P = 0.412$）、社会关系与观念适应（$t = -0.485$，$P = 0.628$）、社会适应（$t = -0.578$，$P = 0.564$）、自尊（$t = 1.760$，$P = 0.080$）均不存在显著性差异，实验前实验组和对照组农村留守儿童社会适应水平同质。

（二）篮球运动对农村留守儿童自尊、社会适应的影响

1. 篮球运动对农村留守儿童自尊的影响

采用重复测量方差分析篮球运动对农村留守儿童自尊的影响。结果显示，组别主效应 [$F = 24.139$，$P < 0.01$，$\eta_p^2 = 0.10$] 差异具有统计学意义，时间主效应 [$F = 15.004$，$P < 0.01$，$\eta_p^2 = 0.06$] 差异具有统计学意义，时间×组别交互作用 [$F = 13.973$，$P < 0.01$，$\eta_p^2 = 0.06$] 差异具有统计学意义。进一步简单效应分析发现，实验组与对照组自尊前测差异不具有统计学意义（$P > 0.05$）；实验组与对照组自尊后测差异具有统计学意义（$P < 0.01$）。对照组农村留守儿童自尊实验前与实验后差异不具有统计学意义（$P > 0.05$）；实验组农村留守儿童自尊实验前与实验后差异具有统计学意义（$P < 0.01$）；实验组后测自尊均值高于实验前测。以上结果表明，篮球运动能够有效改善农村留守儿童的自尊。

2. 篮球运动对农村留守儿童社会适应的影响

社会适应包含学习与学校适应、生活与活动适应和社会关系与观念适应3个二阶因素，自主学习、环境满意、活动参与、生活动力、人际友好、社会认同、社会活动、人际协调8个一阶因素。以下为篮球运动对农村留守儿童社会适应以及各维度的影响分析：

采用重复测量方差分析篮球运动对农村留守儿童社会适应总分及各维度的影响，在农村留守儿童社会适应总分上，组别主效应 [$F = 8.759$，$P < 0.01$，$\eta_p^2 = 0.04$] 差异具有统计学意义，时间主效应 [$F = 13.431$，$P < 0.01$，$\eta_p^2 = 0.06$] 差异具有统计学意义，时间×组别交互作用 [$F = 25.332$，$P < 0.01$，$\eta_p^2 = 0.10$] 差异具有统计学意义。进一步简单效应分析发现，实验组与对照组社会适应总分前测差异不具有统计学意义（$P > 0.05$）；实验组与对照组社会适应总分后测差异具有统计学意义（$P < $

0.01)。对照组农村留守儿童社会适应总分实验前与实验后差异不具有统计学意义（$P > 0.05$）；实验组农村留守儿童社会适应总分实验前与实验后差异具有统计学意义（$P < 0.01$）；实验组后测总分均值高于实验前测。以上结果表明，篮球运动能够有效改善农村留守儿童的社会适应。

学习与学校适应维度上，组别主效应［$F = 10.767$，$P < 0.01$，$\eta_p^2 = 0.05$］差异具有统计学意义，时间主效应［$F = 8.816$，$P < 0.01$，$\eta_p^2 = 0.04$］差异具有统计学意义，时间×组别交互作用［$F = 21.560$，$P < 0.01$，$\eta_p^2 = 0.09$］差异具有统计学意义。进一步简单效应分析发现，实验组与对照组学习与学校适应前测差异不具有统计学意义（$P > 0.05$）；实验组与对照组学习与学校适应后测差异具有统计学意义（$P < 0.01$）。对照组农村留守儿童学习与学校适应实验前与实验后差异不具有统计学意义（$P > 0.05$）；实验组农村留守儿童学习与学校适应实验前与实验后差异具有统计学意义（$P < 0.01$）；实验组后测学习与学校适应均值高于实验前测。以上结果表明，篮球运动能够有效改善农村留守儿童的学习与学校适应。

生活与活动适应维度上，组别主效应［$F = 1.963$，$P > 0.05$，$\eta_p^2 = 0.01$］差异不具有统计学意义，时间主效应［$F = 14.641$，$P < 0.01$，$\eta_p^2 = 0.06$］差异具有统计学意义，时间×组别交互作用［$F = 11.555$，$P < 0.01$，$\eta_p^2 = 0.05$］差异具有统计学意义。结合实验组和对照组实验前、实验后生活与活动适应变化，进一步简单效应分析发现，实验组与对照组生活与活动适应前测差异不具有统计学意义（$P > 0.05$）；实验组与对照组生活与活动适应后测差异具有统计学意义（$P < 0.01$）。对照组农村留守儿童生活与活动适应实验前与实验后差异不具有统计学意义（$P > 0.05$）；实验组农村留守儿童生活与活动适应实验前与实验后差异具有统计学意义（$P < 0.01$）；实验组后测生活与活动适应均值高于实验前测。以上结果表明，篮球运动能够有效改善农村留守儿童的生活与活动适应。

社会关系与观念适应维度上，组别主效应［$F = 8.342$，$P < 0.01$，$\eta_p^2 = 0.04$］差异具有统计学意义，时间主效应［$F = 8.675$，$P < 0.01$，$\eta_p^2 = 0.04$］差异具有统计学意义，时间×组别交互作用［$F = 22.792$，$P < 0.01$，$\eta_p^2 = 0.10$］差异具有统计学意义。进一步简单效应分析发现，实验组与对

照组社会关系与观念适应前测差异不具有统计学意义（$P > 0.05$）；实验组与对照组社会关系与观念适应后测差异具有统计学意义（$P < 0.01$）。对照组农村留守儿童社会关系与观念适应实验前与实验后差异不具有统计学意义（$P > 0.05$）；实验组农村留守儿童社会关系与观念适应实验前与实验后差异具有统计学意义（$P < 0.01$）；实验组后测社会关系与观念适应均值高于实验前测。以上结果表明，篮球运动能够有效改善农村留守儿童的社会关系与观念适应。

自主学习维度上，组别主效应［$F = 12.834$，$P < 0.01$，$\eta_p^2 = 0.06$］差异具有统计学意义，时间主效应［$F = 9.736$，$P < 0.01$，$\eta_p^2 = 0.04$］差异具有统计学意义，时间×组别交互作用［$F = 13.337$，$P < 0.01$，$\eta_p^2 = 0.06$］差异具有统计学意义。进一步简单效应分析发现，实验组与对照组自主学习前测差异不具有统计学意义（$P > 0.05$）；实验组与对照组自主学习后测差异具有统计学意义（$P < 0.01$）。对照组农村留守儿童自主学习实验前与实验后差异不具有统计学意义（$P > 0.05$）；实验组农村留守儿童自主学习实验前与实验后差异具有统计学意义（$P < 0.01$）；实验组后测自主学习均值高于实验前测。以上结果表明，篮球运动能够有效改善农村留守儿童的自主学习。

环境满意维度上，组别主效应［$F = 3.868$，$P > 0.05$，$\eta_p^2 = 0.02$］和时间主效应［$F = 3.284$，$P > 0.05$，$\eta_p^2 = 0.02$］差异均无统计学意义，时间×组别交互作用［$F = 17.880$，$P < 0.01$，$\eta_p^2 = 0.08$］差异具有统计学意义。结合实验组和对照组实验前、实验后环境满意变化，进一步简单效应分析发现，实验组与对照组环境满意前测差异不具有统计学意义（$P > 0.05$）；实验组与对照组环境满意后测差异具有统计学意义（$P < 0.01$）。对照组农村留守儿童环境满意实验前与实验后差异不具有统计学意义（$P > 0.05$）；实验组农村留守儿童环境满意实验前与实验后差异具有统计学意义（$P < 0.01$）；实验组后测环境满意均值高于实验前测。以上结果表明，篮球运动能够有效改善农村留守儿童的环境满意。

活动参与维度上，组别主效应［$F = 6.370$，$P < 0.05$，$\eta_p^2 = 0.03$］差异具有统计学意义，时间主效应［$F = 19.153$，$P < 0.01$，$\eta_p^2 = 0.08$］差异具

有统计学意义，时间×组别交互作用 $[F = 12.670，P < 0.01，\eta_p^2 = 0.06]$ 差异具有统计学意义。进一步简单效应分析发现，实验组与对照组活动参与前测差异不具有统计学意义（$P > 0.05$）；实验组与对照组活动参与后测差异具有统计学意义（$P < 0.01$）。对照组农村留守儿童活动参与实验前与实验后差异不具有统计学意义（$P > 0.05$）；实验组农村留守儿童活动参与实验前与实验后差异具有统计学意义（$P < 0.01$）；实验组后测活动参与均值高于实验前测。以上结果表明，篮球运动能够有效改善农村留守儿童的活动参与。

生活动力维度上，组别主效应 $[F = 0.000，P > 0.05，\eta_p^2 = 0.00]$ 和时间主效应 $[F = 3.867，P > 0.05，\eta_p^2 = 0.02]$ 差异均无统计学意义，时间×组别交互作用 $[F = 4.358，P < 0.05，\eta_p^2 = 0.02]$ 差异具有统计学意义。进一步简单效应分析发现，实验组与对照组生活动力前测差异不具有统计学意义（$P > 0.05$）；实验组与对照组生活动力后测差异不具有统计学意义（$P > 0.05$）。对照组农村留守儿童生活动力实验前与实验后差异不具有统计学意义（$P > 0.05$）；实验组农村留守儿童生活动力实验前与实验后差异具有统计学意义（$P < 0.01$），实验组后测生活动力均值高于实验前测。以上结果表明，篮球运动能够有效改善农村留守儿童的生活动力。

人际友好维度上，组别主效应 $[F = 5.825，P < 0.05，\eta_p^2 = 0.03]$ 差异具有统计学意义，时间主效应 $[F = 2.800，P > 0.05，\eta_p^2 = 0.01]$ 差异不具有统计学意义，时间×组别交互作用 $[F = 14.913，P < 0.01，\eta_p^2 = 0.06]$ 差异具有统计学意义。结合实验组和对照组实验前、实验后人际友好变化，进一步简单效应分析发现，实验组与对照组人际友好前测差异不具有统计学意义（$P > 0.05$）；实验组与对照组人际友好后测差异具有统计学意义（$P < 0.01$）。对照组农村留守儿童人际友好实验前与实验后差异不具有统计学意义（$P > 0.05$）；实验组农村留守儿童人际友好实验前与实验后差异具有统计学意义（$P < 0.01$）；实验组后测人际友好均值高于实验前测。以上结果表明，篮球运动能够有效改善农村留守儿童的人际友好。

社会认同维度上，组别主效应 $[F = 8.249，P < 0.01，\eta_p^2 = 0.04]$ 差异具有统计学意义，时间主效应 $[F = 9.012，P < 0.01，\eta_p^2 = 0.04]$ 差异具有

统计学意义，时间×组别交互作用［$F=10.097$，$P<0.01$，$\eta_p^2=0.04$］差异具有统计学意义。进一步简单效应分析发现，实验组与对照组社会认同前测差异不具有统计学意义（$P>0.05$）；实验组与对照组社会认同后测差异具有统计学意义（$P<0.01$）；对照组农村留守儿童社会认同实验前与实验后差异不具有统计学意义（$P>0.05$）；实验组农村留守儿童社会认同实验前与实验后差异具有统计学意义（$P<0.01$）；实验组后测社会认同均值高于实验前测。以上结果表明，篮球运动能够有效改善农村留守儿童的社会认同。

社会活动维度上，组别主效应［$F=5.118$，$P<0.05$，$\eta_p^2=0.02$］差异具有统计学意义，时间主效应［$F=9.588$，$P<0.01$，$\eta_p^2=0.04$］差异具有统计学意义，时间×组别交互作用［$F=19.044$，$P<0.01$，$\eta_p^2=0.08$］差异具有统计学意义。进一步简单效应分析发现，实验组与对照组社会活动前测差异不具有统计学意义（$P>0.05$）；实验组与对照组社会活动后测差异具有统计学意义（$P<0.01$）；对照组农村留守儿童社会活动实验前与实验后差异不具有统计学意义（$P>0.05$）；实验组农村留守儿童社会活动实验前与实验后差异具有统计学意义（$P<0.01$）；实验组后测社会活动均值高于实验前测。以上结果表明，篮球运动能够有效改善农村留守儿童的社会活动。

人际协调维度上，组别主效应［$F=2.444$，$P>0.05$，$\eta_p^2=0.01$］和时间主效应［$F=2.876$，$P>0.05$，$\eta_p^2=0.01$］差异均无统计学意义，时间×组别交互作用［$F=11.608$，$P<0.05$，$\eta_p^2=0.05$］差异具有统计学意义。结合实验组和对照组实验前、实验后生活动力变化，进一步简单效应分析发现，实验组与对照组生活动力前测差异不具有统计学意义（$P>0.05$）；实验组与对照组生活动力后测差异具有统计学意义（$P<0.01$）；对照组农村留守儿童生活动力实验前与实验后差异不具有统计学意义（$P>0.05$）；实验组农村留守儿童生活动力实验前与实验后差异具有统计学意义（$P<0.01$）；实验组后测生活动力均值高于实验前测。以上结果表明，篮球运动能够有效改善农村留守儿童的生活动力。

综上所述，篮球运动能够显著改善农村留守儿童的社会适应，学习与学校适应、生活与活动适应、社会关系与观念适应3个二阶维度，以及自主学习、环境满意、活动参与、生活动力、人际友好、社会认同、社会活动和人际协调8个一阶维度，且具有明显的改善趋势（表4-6）。

表4-6 篮球运动干预前、后农村留守儿童社会适应表现结果

维度	实验组		对照组	
	前测	后测	前测	后测
社会适应	145.89±21.52	160.45±22.78	147.46±18.76	145.17±21.51
学习与学校适应	41.51±6.64	45.44±6.16	41.65±6.03	40.79±6.61
生活与活动适应	36.31±6.68	40.00±6.25	37.04±6.45	37.25±6.80
社会关系与观念适应	68.07±11.57	75.02±12.74	68.77±9.74	67.13±11.31
自主学习	22.41±4.28	24.61±3.64	22.05±4.01	21.87±4.08
环境满意	19.10±3.52	20.83±3.21	19.61±3.30	18.92±3.51
活动参与	18.65±3.75	21.13±3.29	18.76±3.86	19.02±4.01
生活动力	17.65±4.05	18.87±3.97	18.27±3.79	18.24±3.88
人际友好	21.82±4.74	23.77±5.17	21.85±4.89	21.07±4.66
社会认同	15.03±3.09	16.63±3.14	14.95±2.89	14.90±2.97
社会活动	13.74±3.24	15.61±3.10	14.05±3.03	13.73±3.33
人际协调	17.49±3.63	19.01±3.59	17.94±3.23	17.43±3.47

3. 自尊的中介效应

（1）篮球运动干预、自尊与农村留守儿童社会适应的相关分析

表4-7结果表明，篮球运动干预与农村留守儿童自尊、社会适应及各维度呈显著正相关；自尊与农村留守儿童社会适应及各维度呈显著正相关。因此，变量之间的关系支持进一步研究。

表4-7 篮球运动干预、自尊与农村留守儿童社会适应相关性分析

维度	1	2	3	4	5	6
1. 篮球运动干预	1					
2. 自尊	0.375***	1				
3. 社会适应	0.327***	0.538***	1			
4. 学习与学校适应	0.343***	0.558***	0.892***	1*		
5. 生活与活动适应	0.207***	0.273***	0.820***	0.673***	1*	
6. 社会关系与观念适应	0.313***	0.553***	0.940***	0.759***	0.628***	1

注：* 为 $P<0.05$，** 为 $P<0.01$，*** 为 $P<0.001$。

（2）多重共线性检验

由于解释变量、被解释变量以及中介变量存在显著相关性，可能会存在多重共线性问题，造成极其不稳定的结果，因此本研究将进行共线性诊断。结果显示，从容忍度来看，预测变量的容忍度（0.859）大于0.1；从VIF检验来看，方差膨胀因子VIF值（1.164）小于5；因此，可以判断所有样本不存在共线性问题，符合进一步进行中介效应检验的条件。

（3）自尊的中介效应检验

当自变量为类别变量，中介变量和因变量为连续变量时，如果自变量为二分类别变量，可以构建中介效应模型。以不同组别为自变量（实验组和对照组），自尊为中介变量（后测数值），社会适应为因变量（后测数值），利用 SPSS 25.0 中 PROCESS 插件进行中介效应检验，选择 Model Number 4，重复抽取 5000 个 Bootstrap 样本（95% 置信区间），检验中介效应的显著性。结果显示，篮球运动干预能够正向预测农村留守儿童社会适应（$\beta = 0.327$，$P < 0.001$），篮球运动干预能够正向预测农村留守儿童自尊（$\beta = 0.375$，$P < 0.001$），在纳入自尊进行回归分析后，篮球运动干预对农村留守儿童社会适应的预测作用仍显著（$P < 0.001$）。

表 4 - 8　中介效应的回归分析检验

结果变量	预测变量	R 值	R^2 值	β 值	t 值
社会适应	篮球运动干预	0.327	0.107	0.327	5.115***
自尊	篮球运动干预	0.375	0.141	0.375	5.981***
社会适应	篮球运动干预	0.555	0.308	0.484	7.935***
	自尊				

注：* 为 $P < 0.05$，** 为 $P < 0.01$，*** 为 $P < 0.001$。

采用偏差校正的百分位 Bootstrap 法抽取 5000 个 Bootstrap 样本（95% 置信区间）检验中介效应的显著性。中介效应检验结果显示，偏差校正区间不包括0。在不考虑自尊中介变量的情况下，篮球运动干预对农村留守儿童社会适应的影响大小为 15.282（95% CI：9.393 ~ 27.171），在增加自尊中介变量后，篮球运动干预对农村留守儿童社会适应的影响为 6.807（95% CI：1.200 ~ 12.413），自尊为部分中介效应，其影响大小为 8.475（95%

CI：5. 038 ~ 12. 302），说明自尊有助于促进篮球运动干预对农村留守儿童社会适应的正面效应，且效果显著。见表4 - 9。

表4 - 9 标准化路径系数

效益类型	效应值	*Boot SE*	Bootstrap 95% CI		效应占比
			Lower Limit	*Upper Limit*	
总效应	15. 282	2. 988	9. 393	27. 171	100%
直接效应	6. 807	2. 845	1. 200	12. 413	44. 54%
间接效应	8. 475	1. 845	5. 038	12. 302	55. 46%

四、讨论

（一）篮球运动干预对农村留守儿童社会适应的影响

本研究采用篮球运动干预的方式揭示体育参与与农村留守儿童社会适应之间的关系，农村留守儿童经过篮球运动干预后，社会适应得到了有效的改善，这与以往关于体育活动与社会适应研究结果相一致。关于篮球运动促进农村留守儿童社会适应的机制，可能解释的原因如下：其一，根据"补偿心理"机制①和群体共享情绪理论②。在农村留守儿童社会化发展过程中，体育活动场地是其主要社会活动场所之一，篮球可视为农村留守儿童交流的"工具""媒介"，也可以被视为彼此连接的"中介"，不仅为农村留守儿童的社会交往搭建交流与合作的重要平台，也为其提供和创造更多发展社会交往和适应能力的机会。家庭的"原生之痛"促使农村留守儿童缺少父母的情感关怀与亲情体验，缺乏情感表达与情感实践的经历，篮球运动向农村留守儿童发起了间接性补偿、替代性补偿等特殊的情感补偿机制，为农村留守儿童社会适应形成了有效修正作用③。其二，根据对抗应

---

① 金晓彤，赵太阳，崔宏静，等. 地位感知变化对消费者地位消费行为的影响 [J]. 心理学报，2017 (2)：273 - 284.

② 丁玉婷，张畅，李冉冉，等. 积极共同经历促进师生关系的机制：情感联结的中介作用 [J]. 心理学报，2023 (5)：726 - 739.

③ 王清华，郑欣. 数字代偿：智能手机与留守儿童的情感社会化研究 [J]. 新闻界，2022 (3)：37 - 47，94.

激自我保护机制假说，篮球运动属于中高强度的身体对抗性运动，可以有效提高农村留守儿童的心肺功能、心血管系统的机能，且运动本身能够促进大脑产生多巴胺、内啡肽等神经递质，缓解与社会适应相关的压力、抑郁和焦虑等情绪，进而提升农村留守儿童社会适应。其三，根据心理韧性理论，农村留守儿童在篮球运动训练过程中，可通过克服各类困难、挑战、失败和挫折，锻炼自身的意志品质和心理韧性，如身体在篮球运动后产生的疲劳感，对有难度篮球运动动作产生的恐惧感及对成功与失败后产生的成就感与失落感等，都会让农村留守儿童学会如何应对困难，以更积极的态度应对各种挑战，从而有利于社会适应的发展。

（二）篮球运动干预对农村留守儿童自尊的影响

本研究提供的实验性证据还显示，篮球运动干预后，农村留守儿童自尊得到了显著提升，研究结果支持体育活动促进个体自尊的相关观点。在 Sonstroem 的多维自尊理论中，自尊由自我的多重概念所构成，强调一个人的自尊包含了不同的、具体的多领域成分，如身体自尊、认知自尊、专业自尊、社会自尊等领域都属于自尊的子类①。随着不同具体领域的自尊水平的变化，个体自尊也会随之发生改变，即子领域自尊水平与整体自尊密切相关。作为一项体育活动，篮球运动可以让农村留守儿童意识到自身身体能力和运动技能的潜力，在篮球比赛和训练过程中，农村留守儿童可以互相协作，体验到身体能力、个人技能与团队合作的高度"融合"，获得较高水平的自我管理能力、认知自尊和身体自尊。其次，自尊不仅来源个体的自我评价，还来源他人的评价。当农村留守儿童在训练过程中表现出符合篮球运动规范行为时，教师和其他成员会给予赞许和回应，以支持和肯定其行为。农村留守儿童在感受到他人认可与肯定时，会满足多方面的心理需求，对自身价值形成清晰判断，而当个体对自身价值判断和身体能力评价提高时，个体的身体自尊和认知自尊等都会随之提升，并对整体自尊产生积极影响。

① SONSTROEM R J. Physical estimation and attraction scales: Rationale and research [J]. Medicine and science in sports, 1978, 10 (2): 97 –102.

（三）自尊的中介作用

以纵向数据进行中介效应检验可以帮助研究者进行因果推断①。本研究运用结构方程模型，将篮球运动干预作为自变量，自尊作为中介变量，社会适应作为因变量进行中介作用模型构建。结果显示，自尊在篮球运动影响农村留守儿童社会适应过程中起到部分中介作用，篮球运动既能直接影响农村留守儿童社会适应，同时也可以通过自尊间接影响农村留守儿童社会适应。这与以往研究结果相一致，说明自尊搭建了篮球运动与农村留守儿童社会适应两者之间的"桥梁"。根据个体—环境交互论，个体的社会适应发展一方面离不开社会、家庭、学校等支持，另一方面也会受到个体心理资源的制约，即个体社会适应的过程是各种社会环境与自身心理资源交互作用的过程。具体到本研究中，篮球运动之所以能够有效促进农村留守儿童社会适应，其原因主要在于篮球运动能够较好地为农村留守儿童"接收"和"提供"社会支持，帮助农村留守儿童获得积极的心理资源（如自尊）和稳定的社会性"回报"。而自尊作为一种保护性因素，能够帮助农村留守儿童有效抵御在环境中所遇到的"困难"，以更好的心理状态适应生活和学习，提升自身的社会适应。这提示，首先，篮球运动可以显著促进农村留守儿童的自尊及社会适应，有利于农村留守儿童的成长，值得推广学习。其次，家庭、学校和社会除了给予农村留守儿童物质支持外，也需要重视农村留守儿童的内在心理资源建设，提高农村留守儿童的自尊心，以便帮助农村留守儿童建设良好的社会适应能力。

第三节　提高农村留守儿童社会适应的对策思考

留守儿童作为"三农"问题中的突出问题，引起了党和国家的高度重视，并将其作为政府工作和民生问题的重要内容。但农村留守儿童问题是一个庞大复杂的社会工程，需要整合各方力量，齐抓共管，形成多级服务

---

① 刘文，刘红云，李宏利. 儿童青少年心理学前沿 [M]. 杭州：浙江教育出版社，2015：251 - 252.

网络，解决资金不足、器材设备不够等制约留守儿童体育参与的问题。学校在留守儿童体育参与方面扮演着十分关键的角色。其在一定程度上能够弥补家庭社会化教育的不足，促进留守儿童社会化发展，培养学生的社会人格。良好运动习惯的养成，除了需要正确的体育认知和持续的运动兴趣之外，还必须要有外部因素的支持。在留守儿童参与体育活动层面，政府应该发挥主导作用，而家庭、学校、社区作为留守儿童学习与生活的重要客观环境，三方共同协调，形成教育合力，三方对体育的支持力度将对留守儿童运动习惯的养成产生潜移默化的影响。

健康是人民美好生活的基础，建设健康中国，一个人都不能少，一个人都不能落下。这就需要我们从政策支持、资金投入、宣教引导、基础设施、教育队伍、教育改革、社会力量等多个方面发力，为偏远山区农村留守儿童体育教育搭建良性运转的平台，为偏远山区体育教育事业发展提供切实有力的保障。为此，我们对加强偏远山区农村留守儿童体育教育提出以下建议：

一、大力完善农村体育教育设施，不断夯实体育教育基础

一是积极用好政府资金。积极筹措建设资金，加大偏远山区体育教育场地和设施的建设和装置力度，为更好地开展体育教育奠定基本物质基础。引导偏远山区基层政府申报中央转移支付项目，设置专项建设资金，合理利用体育彩票公益基金。明确资金使用方向，以着力提升完善偏远山区中小学校体育教育场地和设施为主。在科学规划和统筹建设村居群众健身场地设施的同时，为布局建设适合留守儿童健身娱乐的场地设施预留专项资金。

二是充分挖掘集体资源。通过盘活村居集体资金和资源建设完善体育设施。充分利用集体用地中的空闲院坝、边角荒地等资源，规划建设临近中小学校、贴近村民聚集区的"嵌入式"运动场地，建设形成"10分钟乡村体育运动圈"，方便中小学生特别是留守儿童就近进行体育娱乐活动。因地制宜建设适合留守儿童进行体育活动的"微场地""微场馆"，逐步扭转以往群众体育场地建设注重大中型场馆建设、体育器材投放类型单一、成人体育健身器材不适合少年儿童使用的局面。

三是合理引入社会资本。对村居集体资金资源不足的地区，建议通过政府购买服务的方式，改善偏远山区农村学校体育教育和村居体育文化服务供给不足的状况。尤其以着力改善偏远山区适合儿童使用的可移动、小微型体育设施不足的问题为主。对偏远山区居住分散、处于"10分钟乡村体育运动圈"以外的留守儿童，积极对接慈善公益组织，有针对性地开展"送体育器材和体育服务进家庭"活动，着重提供诸如羽毛球、棋牌类、射击射箭类、毽绳娱乐类等场地受限少、简便易操作、儿童易接受的体育教育和体育文化服务，并积极开展体育健康宣教。

二、不断加强体育教师队伍建设，真正提升体育教育质量

一是拓宽招聘渠道吸纳人才。广开渠道招聘体育师资，有条件的地区可以通过购买服务方式，与相关专业机构等社会力量合作向中小学提供体育教育教学服务。实施体育教育专业大学生支教计划，聘请退伍军人、志愿者充实体育师资，吸引更多的体育人才投身农村体育教育。建立地方政府、学校、社会协同育人机制，支持省内师范院校与体育专业培养院校在农村中小学建立实习与协同培训基地，缓解体育师资不足等问题。建立城乡体育师资定期交流机制，推进城乡建立关系纽带和学习交流，从而互相学习取长补短。

二是依托师资计划招好人才。对我省罗霄山片区农村中小学体育教师状况的调研显示，这一区域多数学校体育教师人数不足，教龄在5年以下的占45%。说明教师的流动性较大，给开展好农村体育教育带来较大障碍。因此，各级各类学校在日常选聘教师基础上，应依托国培计划项目、特岗计划项目、免费师范生项目等国家师资教育和培训计划，积极招聘延揽优质体育教育人才，让这些人才项目真正落实落地，优化充实到偏远山区中小学校体育教育中。

三是通过编制管理留住人才。调研显示，我省偏远山区部分体育教师属于特岗教师或合同制教师，导致师资队伍不稳定。基层政府和各类学校在编制考聘方面应该保障公平公正。特别是体育教师招聘、入编、在编比例不应低于其他科任教师。对于一些热心农村体育教育事业、育人成效显著的教师应优先入编。在职称评定上，改变以往职称比例失衡导致的激励

失效状况，调整优化职称比例，特别是适当提升中级职称教师占比。

四是合理提高待遇稳住人才。因为课程性质、课时、系数等因素，中小学体育教师整体待遇相较其他科任教师普遍不高，直接影响教师的工作满意度和工作热情。基层政府财政应严格落实国家相关政策，保障教师工资收入水平不低于当地公务员工资收入水平。同时针对体育课程，应合理提升教师工资待遇，积极保障福利待遇，并在奖励激励机制的制定实施上适度向体育教师倾斜。保障体育教师参与培训交流的权利，充分激发体育教师的工作积极性，提升体育教师的职业成就感，建设形成相对稳定的体育教育师资队伍。

五是组织多元力量充实人才。偏远山区各类学校可以针对整体师资短缺的现状，在在校、在编教师中采用"X＋1模式"（X为体育课程外的其他科任教师，1为体育教师），培养一批具备多学科教学，尤其具备体育课教学能力的师资力量。基层政府和各类学校可以积极组织社会力量，充实到农村体育教育师资队伍中。制定相关规范性文件，通过考核、培训，鼓励有意愿、有能力的乡镇志愿者、退休教师、校外辅导员、返乡大学生等社会优秀人才担任社会体育指导员，参与对留守儿童的体育教育。

三、持续优化体育教育内容供给，切实提升儿童健康水平

一是开好体育课程，办好课间活动。严格落实教育部和地方教育主管部门关于中小学体育课程设置的规定，开足开好体育课程，杜绝课程设置"上课表不上操场""占课就占体育课"的现象，充分保障体育教师的教育权利和学生的学习权利。打造特色体育课程资源，将带有地域特色的民族、民俗体育运动项目引入学校体育课程，使地域传统体育与学校特色体育相结合，进一步丰富体育课程内涵，优化体育教育模式。以智慧体育发展为契机，创新农村学校体育信息化资源平台，促进优质体育教育资源的引入和共享，提升优质体育教育资源在乡村的覆盖率。广开培养、培训渠道，通过"国培计划"等加大对农村体育教师的培训力度，为专兼职体育教师提供更多的培训、外出交流、进修和观摩学习等机会，不断推动体育教师成长。健全体育锻炼制度，广泛开展普及性体育运动，农村学校应定期举办学生运动会或体育节，组建体育兴趣小组、社团和俱乐部，推动学生积

极参与常规课余训练和体育竞赛，促进学生养成终身锻炼的习惯。积极引入新兴体育项目，通过简化规则、降低技战术难度、改造场地器材等方式将城市中新兴的体育项目，像轮滑、攀岩、搏击操等引入农村体育课堂教学，提高体育课的吸引力。积极主动利用"大课间"开展阳光体育运动，引导学生走出教室，走向运动场。"大课间"活动在形式选择上应兼顾集体活动和自由活动，在育人目标上应注重行为养成和兴趣激励，避免让"集体广播操"成为大课间活动的唯一形式。

二是立足基础项目，创新教育方式。体育教育的课程设置，首先应立足教育部和地方政府体育课程教学和改革指导纲要，开展好基础体育运动项目的教学和训练，既保障规定动作不走样，也保障学生得到基本的身体锻炼。在此基础上，各类学校应该依据实际情况着重开展集体项目，适当发展竞技项目，一方面引导留守儿童在合作与竞争中感受人与人之间的尊重，提升自信心，另一方面可以从农村留守少年儿童中发现和选拔优秀竞技类体育人才，为建设体育强省储备人才、贡献力量。

三是搭建智慧平台，发展智慧体育。针对偏远山区教育内容资源供给不足、更新滞后的现状，各级政府应投入必要资金，发展智慧体育，为偏远山区留守儿童搭建和推广智慧体育教育教学平台，建立完善农村学校体育教育线上资源库，促进优质体育教育资源的引入和共享。通过相关平台，实现城乡体育教师共享体育教育的新理念、新技术、新方法；通过更为丰富的教学内容供给，提升农村留守儿童参与体育运动的积极性；有效地将体育教育教学从校园内延伸到校园外，实现校内外体育教育教学线上化、一体化。

四是发展民俗体育，助力乡村振兴。我省偏远山区大多为民族聚居区，各地区都有独具特色的民族、民俗体育文化活动。各类学校应高度重视和充分利用这一地域文化优势，对相关资源进行合理发掘和创新转化，将具有地域和民族特色的体育文化活动引入学校体育课程。优化课程设置，制定推广方案，合理利用课程时间和"大课间"活动时间，积极推广特色体育文化活动。既增强学校体育教育的趣味性，提升留守儿童参与体育活动的积极性，又可以为体育类非物质文化遗产的传承发展发现人才、培养人才，通过繁荣和发展乡村文化助力乡村振兴。

四、探索建立多元制度支持体系，积极营造体育文化氛围

一是营造家庭体育氛围，做好家校共建共育。偏远山区的基层政府、村居组织和中小学校应该做好体育教育宣教入户工作，着力提高留守儿童监护人对体育活动重要性的认识。积极鼓励监护人依据自身经济条件对子女体育教育进行必要投入，主动关心子女参与体育活动情况和身心健康状况，对子女提出适度的参与体育活动诉求。开展"体育教育示范家庭"活动，进行必要物质奖励，激励留守儿童监护人主动参与到家校共建共育事业中。

二是推动学校教育创新，积极打造育人品牌。第一，落实责任，拓宽渠道。偏远山区中小学校要严格落实体育育人主体责任，积极营造浓郁的校园体育文化氛围，积极探索体育育人方式方法创新。因地制宜着力打造育人品牌，强化体育运动对留守儿童的吸引力。因材施教、因人施教，重点围绕民俗性和民族性特色体育运动项目、竞技类体育比赛竞赛项目进行体育教育，为有资质、有潜力的留守儿童和青少年成长成才拓宽渠道。第二，盘活场地设置，保障留守儿童体育参与度。依据当地学校已有的器材设施，对留守儿童开放寒暑假体育器材借还制度和场地使用制度，允许留守儿童可利用寒暑假进入校园进行体育活动，为其同伴交往提供更多的机会，允许留守儿童将体育器材外借，丰富留守儿童在家的生活内容，为其健康成长护航。第三，搭建农村学校与高校交流平台，助力留守儿童健康成长。借助高校的社会服务功能，为农村学校设计匹配的三下乡活动方案，组建专业的大学生志愿服务团队，为留守儿童提供操作性强、实用性高的体育活动，借助高校科研优势，对留守儿童的体育天赋、体育兴趣进行综合测评，为留守儿童体育技能的提高以及体育技术的学习，提供科学的保障，并依据相关的科研数据，科学设定与当地留守儿童相匹配的适应性体育活动项目，从而全方位地激发留守儿童参与体育的兴趣，树立榜样，培养留守儿童自信。

三是加大体育资金投入，加强体育场地设施建设。增加体育经费的投入：着力推进义务教育薄弱环节改善与能力提升，加大体育经费投入，投入要向农村学校倾斜，确保学校体育经费在教育经费中应占一定比例，并

不得挪作他用。严格落实国家标准：各级教育主管部门应监督学校执行《中小学体育器材和场地》国家标准，加强对学校体育器材配备、场地建设的经费投入，制订配备规划，并对落实情况进行检查、监督。争取社会力量支持：多渠道、多途径筹措农村学校体育经费，推进政府、学校、社会多方协作，探索建立与当地村委、企业的有效合作机制，利用家庭、社区资源，不断充实学校体育场地设施资源，进一步满足了乡村学校日常体育教学和学生课外体育活动需求。

四是强化政府监管责任，落实村校建设责任。第一，落实制度建设。各级政府尤其是基层政府应加强农村体育教育事业的制度化建设，强化对资金保障、人才队伍建设、文化宣传等工作制度的检查督导，确保好资金、好政策、好项目、好人才落实落地，真正惠及每位留守儿童。明确村居基层自治组织和中小学校作为体育设施的管理维护主体责任人，做好日常管护维修，保障留守儿童参与体育运动的身心安全。第二，开展特色活动。村居基层自治组织应依托地方资源，积极组织留守儿童参与"乡村体育夏令营、冬令营"等体育文化活动，组织开展以农林业生产为依托的有野味、有趣味的特色运动，提高农村留守儿童体育健身的兴趣。村居基层自治组织应主动开展日常体育文化宣传推广活动，营造农村体育文化氛围。此外，还可鼓励开发适合不同人群、不同地域特点的涉农特色运动项目，深入开展"体育健身下乡"活动，进一步丰富农民体育活动的内容和形式，吸引更多农民加入体育运动中来。围绕推动乡村全面振兴，打造农民喜闻乐见、农业特色突出、农村广泛普及的体育健身赛事品牌，通过政策引导、竞赛，采取切实可行的措施，提升体育健身活动的参与度。加强农村体育场地设施硬件建设，提倡经济条件较好、人口较多的地区，在尊重农民意愿的前提下，增加面积、器材及设施，奠定农村全民健身活动的前提和基础，加快形成特色体育文化及全民健身的氛围，助力学校体育教育事业发展。第三，建立健康档案。政府应完善留守儿童个人信息档案，特别是留守儿童的健康档案管理，构建"一人一档"的管理，加强对留守儿童体质健康的管理，要求所在辖区学校应定期完善留守儿童体质健康的数据，除此以外，还应加强对留守儿童心理健康测评的档案管理，应定期对留守儿童进行心理健康普查，完善留守儿童健康档案，并实时更新档案的信息，并将信息反馈到村委会和学校，村委会依据健康档案管理信息及时对留守儿童或者特殊儿童家庭，进行定期家访，保障留守儿童健康档案的时效性。第四，提高体育参与度。充分发挥政府职能，组织有经验的社会体育指导员指导村委会的人员召集所在村落留守儿童定期开展趣味体育活动，在体育活动中为留守儿童传递温暖，提高留守儿童体育参与度，让留守儿童在体育参与过程中提高自信，激发他们对体育运动的兴趣，培养他们健康生活方式，让留守儿童积极乐观地面对生活。

五是充分动员社会力量，产业事业互补发展。第一，构建村落体育发展新模式。发挥村落体育功能，传承村落传统体育项目，开展现代项目，利用政府职能，引进社会体育指导员，针对留守儿童开展专业的村落体育活动，积极引导乡镇体育专干，开展科学的、特色的村落体育活动，充分激发乡镇体育专干的职能。借助乡镇体育专干，为村落体育与当地俱乐部搭建桥梁，让村落体育中有体育特长的儿童可以进入俱乐部，也让俱乐部的人员对村落体育的开展进行有效的指导和帮扶，打通农村体育公共服务"最后一公里"，使农村留守儿童获得更多社会支持。第二，发挥体育产业优势，保障留守儿童健康成长。偏远山区一般具有较为丰富的户外运动资源和体育休闲旅游资源，基层政府和村居组织应积极依托山区独特地形地貌，吸引社会资金参与规划建设和发展地方体育休闲产业，以体育产业发展来反哺体育教育事业，为留守儿童的体育教育提供更为充足的物质保障。第三，多管齐下，开展丰富活动。联系教育、体育主管部门，扎实开展体育明星助困帮扶志愿服务活动，组织邀请湘籍奥运冠军、世界冠军和优秀体育从业人员到偏远山区和留守儿童互动交流，通过弘扬奥林匹克精神和体育湘军精神，激发偏远山区留守儿童热爱体育运动、励志成长成才的信心。还应加大宣传力度，强化全社会对学校体育重要性的认识，充分认识到学校体育是全民健身育体的基础，农村学校体育教育状况直接影响到国民体质与健康水平，通过教育评价的引导，进一步完善农村体育教育体系。

参考文献

一、专著

[1] 卢元镇.社会体育导论［M］.第2版.北京：高等教育出版社，2011.

[2] 杨彦平.社会适应心理学［M］.上海：上海社会科学院出版社，2010.

[3] 朱智贤.心理学大辞典［M］.北京：北京师范大学出版社，1989.

[4] 乔森纳·H.特纳.社会学理论的结构［M］.吴曲辉，等译.杭州：浙江人民出版社，1987.

[5] 乔治·赫伯特·米德.心灵、自我和社会［M］.霍桂桓，译.南京：译林出版社，2012.

[6] 叶敬忠，潘璐.别样童年：中国农村留守儿童［M］.北京：社会科学文献出版社，2014.

[7] 季浏，殷恒婵，颜军.体育心理学［M］.北京：高等教育出版社，2016.

[8] 汪向东，王希林，马弘.心理卫生评定量表手册增订版［M］.北京：中国心理卫生杂志社，1999.

[9] 刘文，刘红云，李宏利.儿童青少年心理学前沿［M］.杭州：浙江教育出版社，2015.

二、学位论文

[1] 赵楠.农村留守儿童体育参与现状调查及对策研究——以聊城市东昌府区为例［D］.烟台：鲁东大学，2017.

［2］刘俊千 . 四川省高校研究生体育参与调查与分析［D］. 成都：四川大学，2006.

［3］孙露晗 . 体育参与对学生生命质量的影响研究——以天津市部分高中生为例［D］. 天津：天津体育学院，2022.

［4］陆雨 . 体育参与对大学生亲社会行为的影响——心理资本的中介作用［D］. 上海：上海体育学院，2021.

［5］蒋璐 . 课外体育活动参与对流动儿童社会融入的影响研究——以长沙市城区流动儿童为例［D］. 湘潭：湖南科技大学，2019.

［6］王鹏 . 课外体育活动对农村留守初中生主观幸福感影响的研究——以南阳市某乡镇中学为例［D］. 西安：西安体育学院，2019.

［7］胡兰兰 . 家庭资本对中学生体育参与的影响研究［D］. 北京：北京体育大学，2020.

［8］余伟峻 . 家庭体育环境影响儿童身体活动的模型构建及干预研究［D］. 上海：上海体育学院，2022.

［9］胡楚 . 湖南省农村留守儿童体育活动参与度研究——以郴州地区为例［D］. 长沙：湖南师范大学，2021.

［10］刘阳 . 农村留守儿童学校适应的社会支持策略研究——以甘肃省 K 县为例［D］. 牡丹江：牡丹江师范学院，2022.

［11］盖正 . 体育干预对留守儿童社会适应危机的实验研究［D］. 湘潭：湖南科技大学，2011.

［12］贺雅吟 . 农村留守儿童参与课外体育活动的现实困境与改善路径研究——以湖北省孝昌县邹岗镇为例［D］. 武汉：华中师范大学，2020.

［13］黄迪 . 汉中市初中生体育行为与社会适应能力关系研究［D］. 汉中：陕西理工大学，2020.

［14］张佳雨 . 小组工作方法在中学生人际交往能力提升中的应用——以 Z 市 L 中学为例［D］. 北京：首都经济贸易大学，2018.

［15］许钰 . 高校学生体育社团对大学生社会适应能力影响的研究——以杭州市为例［D］. 杭州：杭州师范大学，2021.

［16］顾晓雪 . 体育与健康研究性学习对中学生社会适应能力的影响［D］. 上海：华东师范大学，2006.

［17］吴伟峰. 定向运动对城市中学生社会适应能力的影响研究［D］. 济南：山东体育学院，2018.

［18］张兴月. 父母外出对留守儿童健康的影响——基于四川省 J 县留守儿童的考察［D］. 成都：西南财经大学，2019.

［19］郭歆宇. 弱关系社交媒体用户间歇性中辍行为的影响因素研究［D］. 上海：上海外国语大学，2022.

［20］李响. 符号学视角下的旅游地信任感：形成机制与行为影响研究［D］. 泉州：华侨大学，2021.

［21］王晓滨. 符号互动理论视野下的犯罪原因研究［D］. 长春：吉林大学，2015.

［22］赵子文. 同步动作与群体归类对群体凝聚力的影响［D］. 昆明：云南师范大学，2021.

［23］李磊. 外显、内隐利他行为及其预测源研究［D］. 兰州：西北师范大学，2012.

［24］陈佩仪. 童年创伤对亲社会行为的影响：共情的作用［D］. 广州：南方医科大学，2022.

［25］王潇天. LF 地区农村留守儿童体质健康现状与影响因素研究［D］. 临汾：山西师范大学，2020.

［26］单白雪. 中国农村留守儿童与非留守儿童健康状况比较研究［D］. 济南：山东大学，2017.

［27］刘苗. 媒介接触对农村留守儿童社会化的影响及对策研究［D］. 济南：山东师范大学，2016.

［28］崔晓鸢. 农村留守儿童媒介素养发展的学校影响因素研究［D］. 曲阜：曲阜师范大学，2018.

［29］曹述蓉. 农村留守儿童学校适应的影响因素分析［D］. 武汉：华中科技大学，2006.

［30］张翠翠. 农村留守儿童学校教育问题与改进研究［D］. 济南：山东师范大学，2022.

［31］刘晓静. 农村留守儿童亲子分离适应及其影响因素研究［D］. 漳州：闽南师范大学，2017.

［32］蒋曼曼．农村留守儿童社会化状况研究——以安徽省亳州市 X 镇为例［D］．武汉：华中农业大学，2011．

［33］乔春芝．媒介对农村留守儿童社会化的影响——以安徽省枞阳县为例［D］．合肥：安徽大学，2017．

［34］赵楠．农村留守儿童体育参与现状调查及对策研究［D］．烟台：鲁东大学，2017．

［35］薛苏娥．泗阳地区留守儿童体育参与行为调查研究［D］．苏州：苏州大学，2017．

［36］阮福华．城乡初中学生运动参与现状的比较研究［D］．漳州：闽南师范大学，2020．

［37］赵山涛．湘西自治州 9 ~ 12 岁农村留守儿童体质状况及影响因素研究［D］．吉首：吉首大学，2012．

［38］马清俊．康乐县苏集镇留守儿童参与体育活动的现状调查［D］．兰州：西北民族大学，2021．

［39］肖璐．山西省晋南地区农村留守儿童课外体育参与状况调查［D］．上海：上海体育学院，2018．

［40］刘瀚文．抚顺地区农村留守儿童参与体育活动状况调查研究［D］．乌鲁木齐：新疆师范大学，2012．

［41］唐君玲．湘鄂渝黔边区农村中小学体育现状与发展对策研究［D］．武汉：华中师范大学，2005．

［42］谢红．农村小学留守儿童课外体育活动现状调查及对策研究——以双牌县为例［D］．广州：广州体育学院，2017．

［43］毛敏．体育活动对留守儿童行为习惯影响的研究——以泸州市叙永县新苗实验学校为例［D］．成都：成都体育学院，2020．

［44］胡韬．流动少年儿童社会适应的发展特点及影响因素研究［D］．重庆：西南大学，2007．

［45］方从慧．当代大学生社会适应现状调查研究［D］．重庆：西南大学，2008．

三、期刊

[1] 周齐. 浅析体育教学中体育游戏的运用 [J]. 才智, 2012 (18): 285 - 286.

[2] 李龙洙, 秋鸣. 长江三角洲地区大众的体育活动参与度对体育价值观的影响 [J]. 武汉体育学院学报, 2008 (1): 58 - 61.

[3] 张帆, 仇军, 李阳. 以体育参与促进社会融合: 价值、机制与路径 [J]. 福建体育科技, 2023: 42 (2): 6 - 11.

[4] 贾乃佳. 体育锻炼对陕西农村留守儿童社交焦虑的影响及领悟社会支持的中介和调节作用 [J]. 职业与健康, 2021, 37 (1): 63 - 66, 70.

[5] 崔海晗, 潘书波. 体育锻炼对留守儿童心理健康发展的促进作用 [J]. 长春教育学院学报, 2013, 29 (24): 79 - 80.

[6] 周丽君, 张泽, 张雷. 青少年体育行为的性别差异社会学分析 [J]. 北京体育大学学报, 2009, 32 (11): 28 - 30.

[7] 一张. "留守儿童" [J]. 瞭望新闻周刊, 1994 (45): 37.

[8] 段成荣, 杨舸. 我国农村留守儿童状况研究 [J]. 人口研究, 2008 (3): 15 - 25.

[9] 方一帆. "十二五"时期我国政府解决农村留守儿童问题对策探究 [J]. 长春工程学院学报 (社会科学版), 2011, 12 (2): 76 - 78.

[10] 张亭, 习颖, 廖丽琴, 等. 江西省农村留守儿童体育锻炼行为参与与行为特征的调查研究 [J]. 青少年体育, 2016 (7): 133 - 134, 44.

[11] 王建平, 李董平, 张卫. 家庭经济困难与青少年社会适应的关系: 应对效能的补偿、中介和调节效应 [J]. 北京师范大学学报 (社会科学版), 2010 (4): 22 - 32.

[12] 李强. 社会支持与个体心理健康 [J]. 天津社会科学, 1988 (1): 67 - 70.

[13] 杨彦平, 金瑜. 社会适应性研究评述 [J]. 心理科学, 2006 (5): 1117 - 1173.

[14] 吴霓. 农村留守儿童问题调研报告 [J]. 教育研究, 2004 (10): 15 - 18, 53.

[15] 陈晓荣, 张昕, 柳友荣. 农村留守儿童体育锻炼与合作能力的相关研

究〔J〕. 体育与科学, 2013, 34 (3): 118-120, 110.

〔16〕 詹焰平. 农村留守儿童意志薄弱的体育干预〔J〕. 学校党建与思想教育, 2011 (15): 24-25.

〔17〕 时勘, 仲理峰. 青少年学生社会适应能力的自我培养〔J〕. 中国青年政治学院学报, 2001 (6): 28-31.

〔18〕 傅强, 金林群. 校园体育文化提高高职学生社会适应能力的内在机制〔J〕. 体育学刊, 2014, 21 (1): 73-76.

〔19〕 李树旺. 体育与大学生"社会适应能力"的实证研究〔J〕. 体育与科学, 2009, 30 (6): 71-76.

〔20〕 陈英敏, 肖胜, 李迎丽, 等. 羞怯和初中生学校适应的关系: 有中介的调节模型〔J〕. 中国临床心理学杂志, 2019, 27 (4): 790-794, 799.

〔21〕 王薇薇, 刘文, 王依宁. 儿童青少年社会适应的发展特点与影响因素及其促进〔J〕. 学前教育研究, 2021 (12): 36-47.

〔22〕 郜苗, 王丽娟, 陈世瑶, 等. 上海市青少年休闲体力活动调查分析——基于加速度器测量〔J〕. 福建体育科技, 2014, 33 (6): 7-10.

〔23〕 董宏伟. 家庭社会资本对青少年体育锻炼意识与行为的影响及反思〔J〕. 沈阳体育学院学报, 2010, 29 (2): 33-37.

〔24〕 王富百慧. 家庭资本与教养方式: 青少年身体活动的家庭阶层差异〔J〕. 体育科学, 2019, 39 (3): 48-57.

〔25〕 陈在余. 中国农村留守儿童营养与健康状况分析〔J〕. 中国人口科学, 2009 (5): 95-102, 112.

〔26〕 袭开国. 农村留守儿童焦虑现状及其个体差异〔J〕. 中国健康心理学杂志, 2008 (4): 466-468.

〔27〕 子华明. 流动儿童的社会适应能力构建和培育途径〔J〕. 曲靖师范学院学报, 2018, 37 (4): 112-115.

〔28〕 董开莎. 不同社会支持类型的大学生社会适应状况的研究〔J〕. 中国健康心理学杂志, 2010, 18 (10): 1248-1250.

〔29〕 李京昆. 社交关系视角下微信读书用户的阅读行为探究〔J〕. 北京印刷学院学报, 2022, 30 (3): 7-11.

[30] 许德娅，刘亭亭. 强势弱关系与熟络陌生人：基于移动应用的社交研究 [J]. 新闻大学，2021（3）：49-61，119.

[31] 陈嘉诚，许阳. 基于社会互动理论的大学生合作学习：内涵要义与理想图景 [J]. 高等理科教育，2022（3）：17-23.

[32] 杨红荃，方星. 职业启蒙教育缓解角色焦虑的社会互动理论分析 [J]. 职教论坛，2022，38（4）：37-44.

[33] 于颖. 社会互动理论视角下教育中奖励的缺失表征及重构路径 [J]. 当代教育科学，2019（11）：8-13.

[34] 叶靖. 移动互联网时代微型意见领袖的崛起——营销领域初级群体的"重新发现" [J]. 艺术科技，2018，31（12）：278-279.

[35] 吴少伟. 高校学生初级群体的基本类型与分布特征 [J]. 河南教育（高教），2014（12）：62-63.

[36] 马进，王瑞萍，李靖. 国家认同是怎样进行的——宗教认同和国家认同关系研究 [J]. 青海民族研究，2017，28（2）：61-65.

[37] 李如密，刘伦. 课堂教学互动及其优化策略——符号互动理论的视角 [J]. 教育科学研究，2012（10）：51-55.

[38] 王昊旸. 符号互动理论视域下职场观察类节目的创作探索 [J]. 视听，2022（10）：95-98.

[39] 吴筱萌. 跨校网络教研小组的凝聚力分析 [J]. 中国电化教育，2016（9）：85-90.

[40] 徐军纪，王雪松，舒蕾. 社会认知理论视域下高职特殊生源人才培养探究 [J]. 就业与保障，2022（9）：160-162.

[41] 窦玉英，付超. 计划行为理论下大学生创业影响因素研究 [J]. 中国集体经济，2023（6）：83-85，140.

[42] 冯玉娟，毛志雄，车广伟. 大学生身体活动行为预测干预模型的构建：自主动机与 TPB 扩展模型的结合 [J]. 北京体育大学学报，2015，38（5）：72-76.

[43] 王丽娟，郑丹蘅. 习惯行为、执行意向与青少年身体活动意向与行为：基于计划行为理论的扩展模型 [J]. 上海体育学院学报，2020，44（2）：22-32.

[44] 芦咏莉，董奇，邹泓．社会榜样、社会关系质量与青少年社会观念和社会行为关系的研究［J］．心理发展与教育，1998（1）：1-6.

[45] 林琳琳，李志敏．婴幼儿联合行动发展研究［J］．幼儿教育，2022（Z6）：64-67，91.

[46] 杨思颖，王飘晗，王思倩，等．社会阶层对亲社会行为的影响：公正世界信念与感恩的链式中介效应分析［J］．心理月刊，2022，17（15）：39-41，70.

[47] 肖凤秋，郑志伟，陈英和．亲社会行为产生机制的理论演进［J］．心理科学，2014，37（5）：1263-1270.

[48] 张伟达，俞国良．亲社会行为实施者何以更有创造力？——基于解释学认识论的内外因模型［J］．山西师大学报（社会科学版），2022，49（5）：81-92.

[49] 宋三英．农村留守儿童行为表现及教育策略［J］．甘肃教育，2016（24）：28.

[50] 陆建兰，陈国鹏，陆家海．河池地区农村留守儿童人格特征分析［J］．中国学校卫生，2008，29（1）：48，50

[51] 赵磊磊，王依杉．农村留守儿童学校适应的问题分析及治理对策［J］．当代教育科学，2018（1）：81-84.

[52] 王雄伟．大学生社会适应行为：一项群体访谈研究［J］．中国社会医学杂志，2012，29（1）：39-42.

[53] 梅小芬，丁庆庆．加强家校联系，提高留守儿童的安全感［J］．天天爱科学（教育前沿），2019（5）：171.

[54] 李培，何朝峰，覃奠仁．民族地区留守儿童的情绪调节能力与社会适应［J］．安庆师范学院学报（社会科学版），2010，29（6）：81-85.

[55] 周强．蒙城县农村留守儿童课外体育锻炼现状调查与对策研究——以楚村镇为例［J］．才智，2015（9）：20-21，23.

[56] 朱娜，黄天阳．农村留守儿童体育健身活动植入与陪伴模式的构建［J］．沈阳体育学院学报，2017（4）：92-97，127.

[57] 徐超，李亚明．常德市谢家铺镇留守儿童体育参与研究［J］．运动，2017（21）：155-156.

[58] 徐云亮. 苏北地区农村留守儿童参与体育活动调查研究 [J]. 运动精品, 2020 (4): 57-58.

[59] 袁玉涛, 臧朔. 保定市农村留守儿童体育活动现状研究 [J]. 科学大众 (科学教育), 2015 (9): 95.

[60] 蔡猛, 尹志华, 汪晓赞. 农村留守儿童参与体育锻炼的制约因素及其对策研究 [J]. 体育研究与教育, 2014 (S2): 1-4, 19.

[61] 唐红明. 农村留守儿童体育教育边缘化现象研究 [J]. 北京体育大学学报, 2008 (5): 660-662.

[62] 闫雪燕. 农村留守儿童体育困境及对策研究 [J]. 体育科技文献通报, 2018 (11): 29-30.

[63] 陈曙, 何培森. 湖南农村留守儿童体育活动参与现状的回归分析 [J]. 吉林体育学院学报, 2016 (4): 46-50.

[64] 高灿玉. 体育促进留守学生身心健康的实证研究 [J]. 考试周刊, 2014 (34): 126-127.

[65] 石硕, 张庭华. 海南省少数民族与贫困地区留守儿童体育活动参与现状分析 [J]. 改革与开放, 2013 (19): 55-56.

[66] 高东. 河南省农村留守儿童体育教育问题研究 [J]. 搏击 (武术科学), 2009 (9): 87-88.

[67] 吴迪. 齐齐哈尔市农村留守儿童体育活动参与现状研究 [J]. 高师理科学刊, 2016 (12): 65-67.

[68] 刘晓, 黄希庭. 社会支持及其对心理健康的作用机制 [J]. 心理研究, 2010 (1): 3-8, 15.

[69] 朱旭东, 薄艳玲. 农村留守儿童全面发展及其综合支持系统的建构 [J]. 北京大学教育评论, 2020 (3): 104-120.

[70] 刘霞, 范兴华, 申继亮. 初中留守儿童社会支持与问题行为的关系 [J]. 心理发展与教育, 2007 (3): 98-102.

[71] 韩向前, 江波, 汤家彦, 等. 自尊量表使用过程中的问题及建议 [J]. 中国行为医学科学, 2005 (8): 763.

[72] 周浩, 龙立荣. 共同方法偏差的统计检验与控制方法 [J]. 心理科学进展, 2004 (6): 942-950.

[73] 赵晨晓，董志勇．父母外出务工与农村留守儿童健康——基于 CFPS 微观证据的考察 [J]．湖北社会科学，2021，4（2）：59-65

[74] 赵磊磊，王依杉．农村留守儿童学校适应的问题分析及治理对策 [J]．当代教育科学，2018（1）：81-84．

[75] 沈冠辰，陈立行．社会工作介入我国农村留守儿童的实务模式研究 [J]．吉林大学社会科学学报，2018（6）：116-124，206．

[76] 李董平，许路，鲍振宙，等．家庭经济压力与青少年抑郁：歧视知觉和亲子依恋的作用 [J]．心理发展与教育，2015（3）：342-349．

[77] 王建平，李董平，张卫．家庭经济困难与青少年社会适应的关系：应对效能的补偿、中介和调节效应 [J]．北京师范大学学报（社会科学版），2010（4）：22-32．

[78] 包蕾萍，刘俊升，周颖．心理一致感量表（SOC-13）的信、效度初步研究 [J]．中国心理卫生杂志，2006（5）：299-301．

[79] 郭成，杨满云，缪华灵，等．少年儿童社会适应问卷的初步修订及信效度检验 [J]．西南大学学报（社会科学版），2018（3）：103-110．

[80] 侯珂，刘艳，屈智勇，等．留守对农村儿童青少年社会适应的影响：倾向值匹配的比较分析 [J]．心理发展与教育，2014（6）：646-655．

[81] 林晓娜，王浩．社会认同感与新生代农民工反生产行为的关系检验 [J]．统计与决策，2019（23）：109-113．

[82] 王亚军，郑晓冬，方向明．留守经历对农村儿童长期发展影响的研究进展 [J]．中国农业大学学报，2021（9）：277-290．

[83] 耿毅博，刘衍玲，严玲，等．留守儿童家庭亲密度对社会适应的影响：有调节的中介效应 [J]．西南大学学报（自然科学版），2021（8）：10-19．

[84] 方晓义，徐洁，孙莉，等．家庭功能：理论、影响因素及其与青少年社会适应的关系 [J]．心理科学进展，2004（4）：544-553．

[85] 麻丽丽，许学华，李颖．生态心理学视角下留守儿童问题研究 [J]．教育理论与实践，2018（2）：24-26．

[86] 刘志军．留守儿童行为发展影响因素研究——基于137个案例的回溯

分析 [J]. 浙江大学学报 (人文社会科学版)，2020 (6)：216 - 234.

[87] 杨汇泉，朱启臻. 农村留守儿童家庭抚育策略的社会学思考——一项生命历程理论视角的个案考察 [J]. 人口与发展，2011 (2)：63 - 72.

[88] 贾勇宏. 农村留守经历对大学生在校发展成就的影响研究——基于4596名在校本科大学生的调查 [J]. 教育发展研究，2020 (23)：59 - 65.

[89] 范兴华，简晶萍，陈锋菊，等. 家庭处境不利与留守儿童心理适应：心理资本的中介 [J]. 中国临床心理学杂志，2018 (2)：353 - 357.

[90] 万娇娇，纪莉莉，吴丽娜，等. 农村留守初中生亲子亲合与安全感的关系：一项交叉滞后研究 [J]. 心理与行为研究，2021 (4)：500 - 506.

[91] 张阔，张赛，董颖红. 积极心理资本：测量及其与心理健康的关系 [J]. 心理与行为研究，2010 (1)：58 - 64.

[92] 丛中，安莉娟. 安全感量表的初步编制及信度、效度检验 [J]. 中国心理卫生杂志，2004 (2)：97 - 99.

[93] 唐代兴. 体育作为一种身体活动的内生动力与伦理意义 [J]. 上海体育学院学报，2020 (8)：1 - 10.

[94] 朱风书，王叶，郑玥，等. 篮球运动干预对大学生攻击行为的影响：人际关系中介作用 [J]. 中国健康心理学杂志，2022 (3)：457 - 465.

[95] 金晓彤，赵太阳，崔宏静，等. 地位感知变化对消费者地位消费行为的影响 [J]. 心理学报，2017 (2)：273 - 284.

[96] 丁玉婷，张畅，李冉冉，等. 积极共同经历促进师生关系的机制：情感联结的中介作用 [J]. 心理学报，2023 (5)：726 - 739.

[97] 王清华，郑欣. 数字代偿：智能手机与留守儿童的情感社会化研究 [J]. 新闻界，2022 (3)：37 - 47，94.

[98] 黄希庭，尹天子. 从自尊的文化差异说起 [J]. 心理科学，2012，35 (1)：2 - 8.

附录 1　少年儿童社会适应量表

题目	完全 不符合	大部分 不符合	不能 确定	大部分 符合	完全 符合
1. 在学习上，我努力寻找好的学习方法	1	2	3	4	5
2. 我知道怎么才能交更多的好朋友	1	2	3	4	5
3. 我希望通过班级活动发展自己	1	2	3	4	5
4. 如果离开父母，我相信自己能够照顾好自己	1	2	3	4	5
5. 我从来没有对学习产生过厌倦感	1	2	3	4	5
6. 当与同学有不同观点时，我能想办法防止矛盾产生	1	2	3	4	5
7. 现在所在的班级很团结	1	2	3	4	5
8. 我无论对谁都很亲近	1	2	3	4	5
9. 我觉得同学之间在一些问题上有不同的看法是正常的	1	2	3	4	5
10. 我觉得，我是一个活泼开朗的人	1	2	3	4	5
11. 我一般是按时完成作业的	1	2	3	4	5
12. 我的同学都很欢迎我和他们一起玩耍	1	2	3	4	5
13. 我愿意参加一些义务劳动	1	2	3	4	5
14. 我自己的衣服自己洗	1	2	3	4	5
15. 老师或父母说的话，我都能照办	1	2	3	4	5
16. 为了朋友好，我愿意牺牲自己的利益	1	2	3	4	5
17. 我觉得自己生活在一个较为公平的社会	1	2	3	4	5
18. 我从未说过谎话	1	2	3	4	5
19. 我理解那些与我有不同观点和习惯的人	1	2	3	4	5
20. 我是一个乐观的人	1	2	3	4	5

（续表）

题目	完全 不符合	大部分 不符合	不能 确定	大部分 符合	完全 符合
21. 我总是独立完成作业，不抄同学的	1	2	3	4	5
22. 我觉得，我的朋友比较多	1	2	3	4	5
23. 我觉得参加班级组织的活动是有意义的	1	2	3	4	5
24. 父母工作时，我自己做饭	1	2	3	4	5
25. 我讨厌学习	1	2	3	4	5
26. 同学们为一些问题争论时，我能常帮助 他们协调争论	1	2	3	4	5
27. 我对我的生活环境感到满意	1	2	3	4	5
28. 我觉得，有的人不可去亲近	1	2	3	4	5
29. 不同的人做同一件事情，用不同的方法 是正常的	1	2	3	4	5
30. 我觉得我有幽默感	1	2	3	4	5
31. 我认真地学好每一门功课	1	2	3	4	5
32. 我觉得，我的大部分朋友都很信任我	1	2	3	4	5
33. 我常常想为集体争光	1	2	3	4	5
34. 在家里，我常帮父母做些家务事	1	2	3	4	5
35. 如果我觉得老师或父母说的话没有道理， 我就不会照他们讲的去做	1	2	3	4	5
36. 同学之间有矛盾时，我能帮助他们和好 如初	1	2	3	4	5
37. 我觉得大部分老师上课的方式方法是适 合我的	1	2	3	4	5
38. 为了避免老师或父母的责怪，我曾经说 过谎话	1	2	3	4	5
39. 我觉得同学之间经常争论一些问题是正 常的	1	2	3	4	5

（续表）

题目	完全 不符合	大部分 不符合	不能 确定	大部分 符合	完全 符合
40. 我喜欢与人交谈	1	2	3	4	5
41. 有时老师没有布置作业，我回家后还是会主动学习	1	2	3	4	5
42. 我和我的同学保持很好的关系	1	2	3	4	5
43. 我乐意参加大多数集体活动	1	2	3	4	5
44. 我会打扫、整理自己的房间	1	2	3	4	5
45. 我学习很刻苦	1	2	3	4	5
46. 我能和与我有不同观点的人保持友好关系	1	2	3	4	5
47. 我对我所在的学校感到满意	1	2	3	4	5
48. 班上的许多同学对我都很友好	1	2	3	4	5

附录2　自尊量表

题目	很符合	符合	不符合	非常不符合
1. 我感到我是一个有价值的人，至少与其他人在同一水平上	4	3	2	1
2. 我感到我有许多好的品质	4	3	2	1
3. 归根结底，我倾向于觉得自己是一个失败者	1	2	3	4
4. 我能像大多数人一样把事情做好	4	3	2	1
5. 我感到自己值得自豪的地方不多	1	2	3	4
6. 我对自己持肯定态度	4	3	2	1
7. 总的来说，我对自己是满意的	4	3	2	1
8. 我希望我能为自己赢得更多尊重	4	3	2	1
9. 我确实时常感到毫无用处	1	2	3	4
10. 我时常认为自己一无是处	1	2	3	4

附录 3　体育活动等级量表（PARA-3）

1. 您进行体育锻炼的强度为：

①轻微运动（如：散步、做广播体操等）

②小强度的不太紧张的运动（如：消遣娱乐性的打排球、瑜伽、慢跑、打太极拳等）

③中等强度的较激烈的持久运动（如：骑自行车、跑步、打乒乓球、健身房举铁等）

④呼吸急促、出汗很多的大强度的，但不持久的运动（如：打羽毛球、篮球、网球、足球等）

⑤呼吸急促、出汗很多的大强度的持久的运动（如：冲刺跑、成套健美操练习、游泳等）

2. 您在进行上述强度体育活动时，一次进行（　）分钟。

①10 分钟以下

②11～20 分钟

③21～30 分钟

④31～59 分钟

⑤60 分钟以上

3. 您一个月进行（　）次上述体育活动。

①一个月 1 次以下

②一个月 2～3 次

③每周 1～2 次

④每周 3～5 次

⑤大约每天 1 次

附录4　安全感量表

题目	非常符合	基本符合	中性或不确定	基本不符合	非常不符合
1. 我从来不敢主动说出自己的看法	1	2	3	4	5
2. 我感到生活总是充满不确定性和不可预测性	1	2	3	4	5
3. 我习惯于放弃自己的愿望和要求	1	2	3	4	5
4. 我总是担心会发生什么不测	1	2	3	4	5
5. 我从不敢拒绝朋友的请求	1	2	3	4	5
6. 遇到不开心的事，我总是独自生闷气或者痛哭	1	2	3	4	5
7. 我一直觉得自己挺倒霉的	1	2	3	4	5
8. 人们说我是一个害羞、退缩的人	1	2	3	4	5
9. 我总是担心太好的朋友关系以后会变坏	1	2	3	4	5
10. 对领导我一般是敬而远之	1	2	3	4	5
11. 我常常担心自己的思维或情感会失去控制	1	2	3	4	5
12. 我总是"万事不求人"	1	2	3	4	5
13. 我总是担心自己的生活会变得一团糟	1	2	3	4	5
14. 我感到自己无力应对和处理生活中突如其来的危险	1	2	3	4	5
15. 我害怕与他人建立并保持亲近关系	1	2	3	4	5
16. 无论别人怎么说，我都觉得自己很没用	1	2	3	4	5

附录 5　积极心理资本量表

题目	完全 不符合	基本 不符合	不确定	基本 符合	完全 符合
1. 我的理解能力非常优秀	1	2	3	4	5
2. 我平常很少生气	1	2	3	4	5
3. 我想通过积极的学习来实现自己的理想	1	2	3	4	5
4. 事情具有不确定性时，我总会预期有好的结局	1	2	3	4	5
5. 我对自己解决问题的能力很自信	1	2	3	4	5
6. 经历挫折后，我能快速恢复过来	1	2	3	4	5
7. 我正在为实现自己的目标而努力	1	2	3	4	5
8. 我总是看到事物消极悲观的一面	1	2	3	4	5
9. 在困难面前，我会很冷静地寻求解决的方法	1	2	3	4	5
10. 我很少在意生活中的不愉快	1	2	3	4	5
11. 我充满信心地追求自己的目标	1	2	3	4	5
12. 我觉得社会上的好人还是占绝大多数	1	2	3	4	5
13. 挑战性的试题总是会激起我的学习欲望	1	2	3	4	5
14. 糟糕的经历会让我郁闷很久	1	2	3	4	5
15. 我很清楚自己想要什么样的生活	1	2	3	4	5
16. 我觉得生活是美好的	1	2	3	4	5
17. 我会积极采取多变的策略来应对困难	1	2	3	4	5
18. 我觉得自己学习得很累	1	2	3	4	5
19. 我对自己的生活目标没有特别清晰的认识	1	2	3	4	5
20. 我觉得我的前途充满希望	1	2	3	4	5

附录6　社会适应问卷

题目	完全不符合	基本不符合	不太确定	基本符合	完全符合
1. 大学的学习环境虽然自由．宽松，但我也没有懈怠					
2. 我会积极参加各种社会实践活动，锻炼自己					
3. 我非常关注社会的未来发展趋势，避免自己落伍					
4. 同学们都很优秀，但我觉得自己也是个有价值的人					
5. 我的大学生活是压抑、苦闷的					
6. 我经常有意识地关注本专业的发展前景和社会应用状况					
7. 我了解当前大学生的就业形势，并积极应对					
8. 即使和陌生人谈话，我也能轻松应对					
9. 大学与高中不同的学习方式，使我学起来很费力					
10. 学校当地的语言、饮食等，让我觉得很不习惯					
11. 我觉得自己的大学生活很充实					
12. 离开了父母，我觉得有点孤单					
13. 我非常明确社会发展对我们大学生的要求					
14. 大学里充裕的课余时间，我会主动学习，增长知识					
15. 我会有计划地、合理地使用自己的钱					

（续表）

题目	完全 不符合	基本 不符合	不太 确定	基本 符合	完全 符合
16. 在人多的场合，我会觉得不自在					
17. 学校的食宿条件让我觉得很难适应					
18. 虽然学校和家乡气候差异很大，但我还是能很快习惯					
19. 独自一人到外地会让我很不适应					
20. 一般情况下，我都能适应老师的授课方式					
21. 学习中遇到困难，我一般都能独立解决					
22. 我能轻松自如地与异性同学交往					
23. 我掌握了本专业的学习方法，并能灵活运用					

附录7 心理一致感量表

1. 你是不是常常觉得自己对周围发生的事并不关心？						
1. 从来没有	2. 很少	3. 较少	4. 说不清	5. 有时候	6. 较多	7. 非常频繁

2. 你本来以为很了解的人，结果做出了让你吃惊的行为，这种情况在过去是不是经常发生？						
1. 从来没有	2. 几乎没有	3. 很少发生	4. 说不清	5. 有时发生	6. 比较多	7. 经常发生

3. 你指望的人却让你失望，这种情况的出现频率为？						
1. 从来没有	2. 几乎没有	3. 很少发生	4. 说不清	5. 有时发生	6. 比较多	7. 经常发生

4. 你是不是经常感觉自己受到不公正的对待？						
1. 常感到如此	2. 有这种感觉	3. 偶尔有这种感觉	4. 说不清	5. 很少	6. 几乎没有	7. 从来没有

5. 你是不是经常感到自己处于陌生的、不知如何是好的环境中？						
1. 非常频繁	2. 很多	3. 较多	4. 说不清	5. 较少	6. 很少	7. 从来没有

6. 你是否经常有非常复杂的、混合的感情和念头？						
1. 非常频繁	2. 经常	3. 有时候	4. 说不清	5. 较少	6. 很少	7. 几乎没有或从来没有

7. 你是不是经常产生自己不愿产生的情绪？						
1. 非常频繁	2. 经常	3. 有时候	4. 说不清	5. 较少	6. 很少	7. 几乎没有或从来没有

8. 很多人，哪怕是有天分的人，有时在一定环境下也会感到很失败。在过去的经历中，你是否常有这种失败的感受？						
1. 从来没有	2. 很少	3. 较少	4. 说不清	5. 有时候	6. 较多	7. 非常频繁

9. 每天做的这些事没什么意义，你产生这种想法的频率为？						
1. 非常频繁	2. 经常	3. 有时候	4. 说不清	5. 较少	6. 很少	7. 几乎没有或从来没有

10. 你是不是常常有失控的感觉？						
1. 非常频繁	2. 经常	3. 有时候	4. 说不清	5. 较少	6. 很少	7. 几乎没有或从来没有

11. 到目前为止，你的生活：						
1. 根本没有目标	2. 没什么目标	3. 不太有目标	4. 说不清	5. 有生活目标	6. 生活目标比较明确	7. 生活目标非常明确

12. 当遇到问题或事情时，你发现自己一般会：						
1. 低估或高估了它的重要性	2. 很难估计准	3. 有点估计不准	4. 难以把握	5. 比较准确地评价这件事	6. 准确地评价这件事	7. 非常准确地评价这件事

13. 做那些你每天都做的事，对你来说：						
1. 是极大的快乐和满足	2. 较快乐满意	3. 有点快乐	4. 说不清	5. 有点不快乐	6. 很不快乐	7. 是痛苦和烦恼的源泉

附录 8 家庭经济压力问卷

题目	从不	很少	偶尔	经常	总是
1. 我家没有足够的钱买新衣服	1	2	3	4	5
2. 我家没有足够的钱买好的住房	1	2	3	4	5
3. 我家没有足够的钱买我喜欢的食物	1	2	3	4	5
4. 我家没有剩余的钱供一家人去娱乐	1	2	3	4	5

附录9 社会支持评定量表

1. 你有多少关系密切，可以得到支持和帮助的朋友？（只选一项）

A. □一个也没有   B. □1~2 个

C. □3~5 个   D. □6个或6个以上

2. 近一年来你：（只选一项）

A. □远离家人，且一个人住

B. □多数时间和同学一起住在学生宿舍

C. □和爷爷奶奶、外公外婆等亲戚住在一起

D. □和家人住在一起。

3. 你和邻居：（只选一项）

A. □相互之间从不关心   B. □遇到困难可能稍微关心

C. □有些邻居很关心你   D. □大多数邻居都很关心你

4. 你和同学：（只选一项）

A. □相互之间从不关心   B. □遇到困难可能稍微关心

C. □有些同学很关心你   D. □大多数同学都很关心你

5. 你和老师的关系：（只选一项）

A. □相互之间从不关心   B. □遇到困难可能稍微关心

C. □有些老师很关心你   D. □大多数老师都很关心你

6. 你从家庭成员得到的支持和照顾：（在合适的框内划"√"）

成员	无	极少	一般	全力支持
A. 父母				
B. 爷爷奶奶、外公外婆				
C. 兄弟姐妹				
D. 其他成员（如舅舅）				

7. 过去，在你遇到困难时，曾经得到的经济支持和解决实际问题的帮助的来源有：

□无任何来源

□下列来源：（可选多项）

A. 父母 B. 兄弟姐妹

C. 朋友 D. 亲戚

E. 同学 F. 学校

G. 老师 H. 邻居

8. 过去，在你遇到困难情况时，曾经得到的安慰和关心的来源有：

□无任何来源

□下列来源：（可选多项）

A. 父母 B. 兄弟姐妹

C. 朋友 D. 亲戚

E. 同学 F. 学校

G. 老师 H. 邻居

9. 你遇到烦恼时的倾诉方式：（只选一项）

A. 从不向任何人说

B. 只向关系极为密切的 1~2 个人说

C. 如果朋友主动询问你会说出来

D. 主动说出自己的烦恼，以获得支持和理解

10. 你遇到烦恼时的求助方式：（只选一项）

A. 只靠自己，不接受别人帮助

B. 很少请求别人帮助

C. 有时请求别人帮助

D. 有困难时经常向家人、亲友、老师、同学求援。

11. 对于团体（如同学、班级、学校等）组织的活动，你：（只选一项）

A. 从不参加 B. 偶尔参加

C. 经常参加 D. 主动参加并积极活动

附录 10　篮球训练方案

周次	主要训练内容与活动	课次
1	1. 学习篮球基本理论知识、裁判规则 2. 学习准备活动拉伸与放松部分拉伸	1
1	1. 学习移动技术（一）：起动、侧身跑 2. 学习运球技术（一）：直线运球、运球急停急起 3. 学习传接球技术（一）：双手胸前传接球技术（原地） 4. 学习投篮技术（一）：行进间单手低手投篮（右手） 5. 身体素质练习：腰腹核心力量练习	2
1	1. 学习移动技术（二）：变向跑、后退跑 2. 直线运球、运球急停急起练习 3. 原地双手胸前传接球练习 4. 行进间单手低手投篮练习 5. 身体素质练习：腿部力量练习	3
2	1. 学习移动技术（三）：跨步急停、跳步急停 2. 学习运球技术（二）：体前换手变向运球 3. 学习传接球技术（二）：双手反弹传接球技术（原地） 4. 学习投篮技术（二）：行进间单手低手投篮（左手） 5. 身体素质练习：冲刺跑练习	4
2	1. 学习移动技术（四）：转身 2. 学习运球技术（三）：背后变向运球 3. 行进间低手投篮综合练习 4. 传球综合练习 5. 全场 Z 字变向运球＋行进间低手投篮练习 6. 身体素质练习：腰腹核心力量练习	5

（续表）

周次	主要训练内容与活动	课次
2	1. 学习移动技术（五）：滑步 2. 学习运球技术（四）：胯下变向运球 3. 学习投篮技术（三）：原地单手肩上投篮 4. 行进间双手胸前传接球练习 5. 身体素质练习：专项体能练习	6
3	1. 学习移动技术（六）：后撤步 2. 学习运球技术（五）：转身变向运球 3. 原地单手肩上投篮练习 4. 全场Z字变向运球＋行进间低手投篮练习 5. 防守脚步综合练习 6. 身体素质练习：腰腹核心力量练习	7
3	1. 学习移动技术（七）：交叉步 2. 学习传接球技术（三）：双手头上传球 3. 学习投篮技术（四）：行进间单手肩上投篮 4. 全场Z字变向运球＋加速上篮练习 5. 防守移动综合练习 6. 投篮练习	8
3	1. 学习传接球技术（四）：单手体侧传球 2. 全场运球综合练习 3. 行进间投篮综合练习 4. 行进间传接球综合练习 5. 防守移动综合练习 6. 身体素质练习：腰腹核心力量练习	9
4	1. 学习防守无球队员 2. 学习持球交叉步突破 3. 全场运球综合练习 4. 投篮综合练习 4. 行进间三人传接球综合练习	10

（续表）

周次	主要训练内容与活动	课次
4	1. 学习防守有球队员 2. 防守移动综合练习 3. 防守无球队员的练习 4. 持球交叉步突破练习 5. 投篮综合练习 6. 身体素质练习：腰腹核心力量练习	11
4	1. 学习同侧步突破 2. 学习半场 2 防 2 选位 3. 防守移动综合练习 4. 持球交叉步突破综合练习 5. 投篮综合练习 6. 身体素质练习：专项体能	12
5	1. 学习抢篮板球技术 2. 防守移动综合练习 3. 持球突破综合练习 4. 半场 1 打 1 对抗练习 5. 投篮综合练习 6. 原地传球综合练习 7. 身体素质练习：腰腹核心力量练习	13
5	1. 学习快攻 2. 防守移动综合练习 3. 半场 1 打 1 防持球突破综合练习 4. 全场 1 打 1 防守运球队员综合练习 5. 投篮练习 6. 抢篮板球练习 7. 身体素质练习：专项体能	14

（续表）

周次	主要训练内容与活动	课次
5	1. 学习快攻 2 打 1 2. 学习半场 3 防 3 选位 3. 全场加速变向突破练习 4. 半场 1 打 1 防守运球队员综合练习 5. 投篮练习 6. 三人直线短传 + 上篮综合练习	15
6	1. 学习快攻 3 打 2 2. 学习半场 4 防 4 选位 3. 半场防守突破移动脚步综合练习 4. 传球突破综合练习 5. 半场 1 对 1 攻防练习 6. 身体素质练习：腰腹核心力量练习	16
6	1. 学习半场 5 防 5 选位 2. 防守移动综合练习 3. 全场加速变向突破练习 4. 全场连续进行"1 打 1"提高对抗能力练习 5. 全场快攻往返"3 打 2"和"2 打 1"练习 6. 身体素质练习：专项体能	17
6	1. 学习防守快攻配合 2. 半场 5 防 5 选位练习 3. 半场防守突破移动脚步综合练习 4. 全场连续进行"1 打 1"提高对抗能力练习 5. 投篮综合练习 6. 三人直线短传 + 上篮综合练习	18

（续表）

周次	主要训练内容与活动	课次
7	1. 学习进攻基础配合（一）：传切配合 2. 半场 5 防 5 选位练习 3. 防守移动综合练习 4. 全场快攻往返"3 打 2"和"2 打 1"练习 5. 投篮综合练习 6. 身体素质练习：腰腹核心力量练习	19
7	1. 学习进攻基础配合（二）：突破分球配合 2. 半场防守突破移动脚步综合练习 3. 全场 Z 字变向运球 + 加速上篮练习 4. 全场连续进行"1 打 1"提高对抗能力练习 5. 3 人连续传切配合练习 6. 三人直线短传快攻跑篮练习	20
7	1. 学习防守基础配合（一）：关门、夹击、补防 2. 学习全场 5 人快攻跑位 3. 半场防守突破移动脚步综合练习 4. 全场加速变向突破练习 5. 3 人连续传切配合练习 6. 3 人连续突破分球配合练习 7. 利用关门、夹击、补防、堵切半场 3 防 3 综合练习 8. 身体素质练习：腰腹核心力量练习	21
8	1. 学习进攻基础配合（二）：掩护配合 2. 全场防守移动综合练习 3. 全场 Z 字变向运球 + 加速上篮练习 4. 全场连续进行"1 打 1"提高对抗能力练习 5. 利用关门、夹击、补防、堵切半场 3 防 3 综合练习 6. 全场 5 人快攻跑篮练习	22

（续表）

周次	主要训练内容与活动	课次
8	1. 学习防守基础配合（三）：挤过、穿过、绕过配合 2. 半场防守突破移动脚步综合练习 3. 全场加速变向突破练习 4. 3 人连续传切配合练习 5. 3 人连续突破分球配合练习 6. 3 人连续运球掩护配合练习 7. 3 人挡拆配合练习 8. 半场 3 防 3 综合练习 9. 身体素质练习：腰腹核心力量练习	23
8	1. 学习防守基础配合（三）：换人配合 2. 半场防守突破移动脚步综合练习 3. 半场 3 防 3 防切、防突破、防掩护综合练习 4. 全场快攻往返"3 打 2"和"2 打 1"练习 5. 投篮综合练习 6. 三人直线短传快攻跑篮练习	24
9	1. 学习 5 人连续传切配合 2. 学习全场 3 防 3 防守配合 3. 全场防守移动综合练习 4. 全场连续进行"1 打 1"提高对抗能力练习 5. 半场 3 打 3 对抗练习 6. 投篮综合练习 7. 身体素质练习：腰腹核心力量练习	25
9	1. 学习 5 人连续突分配合跑位 2. 5 人连续传切配合跑位练习 3. 全场防守移动综合练习 4. 全场连续进行"1 打 1"提高对抗能力练习 5. 全场 3 打 3 对抗练习 6. 投篮综合练习 7. 全场 5 人快攻跑篮练习	26

周次	主要训练内容与活动	课次
9	1. 学习半场 4 防 4 防守配合 2.5 人连续进攻配合跑位练习 3. 全场防守移动综合练习 4. 全场连续进行"1 打 1"提高对抗能力练习 5. 全场 3 打 3 对抗练习 6. 投篮综合练习 7. 身体素质练习：腰腹核心力量练习	27
10	1. 学习全场 4 防 4 防守配合 2.5 人连续进攻配合跑位练习 3. 全场防守移动综合练习 4. 全场连续进行"1 打 1"提高对抗能力练习 5. 全场快攻往返"3 打 2"和"2 打 1"练习 6. 投篮综合练习 7. 全场 5 人快攻跑篮练习	28
10	1. 学习半场人盯人防守（一） 2. 半场防守突破移动脚步综合练习 3. 持球突破 + 急停跳投 4. 全场连续进行"1 打 1"提高对抗能力练习 5. 全场快攻往返"3 打 2"和"2 打 1"练习 6. 投篮综合练习 7. 身体素质练习：腰腹核心力量练习	29
10	1. 学习半场人盯人防守（二） 2. 半场防守突破移动脚步综合练习 3. 持球突破 + 急停跳投 4. 全场连续进行"1 打 1"提高对抗能力练习 5. 半场 5 打 5 攻防对抗练习 6. 投篮综合练习 7. 身体素质练习：腰腹核心力量练习	30

（续表）

周次	主要训练内容与活动	课次
11	1. 学习全场人盯人防守（一） 2. 全场防守移动综合练习 3. 持球突破＋急停跳投 4. 全场连续进行"1 打 1"提高对抗能力练习 5. 全场 3 打 3 攻防对抗练习 6. 全场 4 打 4 攻防对抗练习 7. 投篮练习	31
11	1. 学习全场人盯人防守（二） 2. 全场防守移动综合练习 3. 全场连续进行"1 打 1"提高对抗能力练习 4. 全场 3 打 3 攻防对抗练习 5. 全场 4 打 4 攻防对抗练习 6. 全场 5 打 5 攻防对抗练习 7. 身体素质练习：腰腹核心力量练习	32
11	1. 学习进攻半场人盯人战术（一） 2. 学习底线掷界外球战术 3. 半场 5 打 5 攻防对抗练习 4. 全场快攻往返"3 打 2"和"2 打 1"练习 5. 全场 5 人快攻跑篮练习 6. 投篮练习	33
12	1. 学习进攻半场人盯人战术（二） 2. 学习边线球掷界外球战术 3. 半场防守突破移动脚步综合练习 4. 半场 5 打 5 攻防对抗练习 5. 全场连续进行"1 打 1"提高对抗能力练习 6. 投篮练习 7. 身体素质练习：腰腹核心力量练习	34

（续表）

周次	主要训练内容与活动	课次
12	1. 学习进攻全场人盯人战术（一） 2. 全场防守移动综合练习 3. 全场连续进行"1 打 1"提高对抗能力练习 4. 全场 5 打 5 攻防对抗练习 5. 全场 5 人快攻跑篮练习 6. 投篮练习	35
12	1. 学习进攻全场人盯人战术（二） 2. 全场防守移动综合练习 3. 全场连续进行"1 打 1"提高对抗能力练习 4. 全场 3 打 3 攻防对抗练习 5. 全场 5 打 5 攻防对抗练习 6. 投篮练习 7. 身体素质练习：专项体能	36

附录11 中学生社会适应能力量表

题目	完全不符合	不太符合	不确定	比较符合	完全符合
1. 在学习上，我努力寻求好的学习方法	1	2	3	4	5
2. 我知道怎样才能交更多的朋友	1	2	3	4	5
3. 我希望通过班级活动发展自己	1	2	3	4	5
4. 当与同学们有不同观点时，我能想办法防止矛盾产生	1	2	3	4	5
5. 现在我所在的班级很团结	1	2	3	4	5
6. 我觉得同学之间在一些问题上有不同的看法是正常的	1	2	3	4	5
7. 我觉得我是一个活泼开朗的人	1	2	3	4	5
8. 我一般是按时完成作业的	1	2	3	4	5
9. 我的同学都很欢迎我和他们一起玩耍	1	2	3	4	5
10. 我愿意参加一些义务劳动	1	2	3	4	5
11. 我自己的衣服自己洗	1	2	3	4	5
12. 我觉得自己生活在一个较为公平的社会	1	2	3	4	5
13. 我理解那些与我有不同观点和习惯的人	1	2	3	4	5
14. 我是一个乐观的人	1	2	3	4	5
15. 我总是独立完成作业，不抄同学的	1	2	3	4	5
16. 我觉得，我的朋友比较多	1	2	3	4	5
17. 我觉得参加班级组织的活动是有意义的	1	2	3	4	5
18. 父母工作时，我自己做饭	1	2	3	4	5
19. 同学们为一些问题争论时，我能常常帮助他们协调争论	1	2	3	4	5
20. 我对我的生活环境感到满意	1	2	3	4	5

（续表）

题目	完全不符合	不太符合	不确定	比较符合	完全符合
21. 不同的人做同一件事情，用不同的方法是正常的	1	2	3	4	5
22. 我觉得我有幽默感	1	2	3	4	5
23. 我认真地学好每一门功课	1	2	3	4	5
24. 我觉得，我的大部分朋友都很信任我	1	2	3	4	5
25. 我常常想为集体争光	1	2	3	4	5
26. 在家里，我常帮父母做些家务事	1	2	3	4	5
27. 同学之间有矛盾时，我能帮助他们和好如初	1	2	3	4	5
28. 我认为同学之间经常争论一些问题是正常的	1	2	3	4	5
29. 我喜欢与人交谈	1	2	3	4	5
30. 有时老师没有布置作业，我回家后还是会主动地学习	1	2	3	4	5
31. 我和我的同学保持着很好的关系	1	2	3	4	5
32. 我乐意参加大多数集体活动	1	2	3	4	5
33. 我会打扫、整理自己的房间	1	2	3	4	5
34. 我学习很刻苦	1	2	3	4	5
35. 我对我所在的学校感到满意	1	2	3	4	5